自驱成长
——这样培养孩子的自律最有效

李少聪 著

天津出版传媒集团
天津科学技术出版社

图书在版编目（CIP）数据

自驱成长：这样培养孩子的自律最有效 / 李少聪著. -- 天津：天津科学技术出版社，2023.1
ISBN 978-7-5742-0734-9

Ⅰ.①自… Ⅱ.①李… Ⅲ.①家庭教育 Ⅳ.①G78

中国版本图书馆 CIP 数据核字（2022）第 241139 号

自驱成长：这样培养孩子的自律最有效
ZIQU CHENGZHANG ZHEYANG PEIYANG HAIZI DE ZILÜ ZUI YOUXIAO

策 划 人：	杨 谡
责任编辑：	马 悦
责任印制：	兰 毅
出　　版：	天津出版传媒集团 天津科学技术出版社
地　　址：	天津市西康路 35 号
邮　　编：	300051
电　　话：	（022）23332490
网　　址：	www.tjkjcbs.com.cn
发　　行：	新华书店经销
印　　刷：	三河市华成印务有限公司

开本 880×1 230　1/32　印张 6　字数 140 000
2023 年 1 月第 1 版第 1 次印刷
定价：38.00 元

 前言

P R E F A C E

为了保证孩子好好吃饭、睡觉、学习、做家务、上兴趣班……父母每天在和孩子斗智斗勇。甜言蜜语、丰厚奖品,软的不行换硬的,拍桌子、打屁股,各种威逼利诱,招数用尽,孩子却好似"百毒不侵",充耳不闻,没有一点自觉性。

单靠父母的外力,永远无法培养出一个自觉自律的孩子。唯有给孩子自由,调动他内心的自驱力,给他的内心装上一个马达,他才能自发地向前奔跑。

实际上,内驱力这个东西,孩子天生就有,比如孩子很小就开始用牙咬、触摸等方式去探索身边的事物了,只是父母在无形中将孩子这个内驱力毁掉了。比如,父母为了减少麻烦,而对孩子进行包办代替。比如,父母为了让孩子跟上自己的节奏,不断地催催催。再比如,

为了减少失误的发生,或者让孩子少走弯路,父母不允许孩子自己做选择。当孩子一点点失去对自己的掌控感,慢慢也就失去了掌控自己的自信,进而也就懒得去替自己做主了。

父母要做的就是,找到自己和孩子之间的边界。把属于孩子的事,交给他自己做主。如果他还没有能力做主,那就引导他先从小事开始练习。孩子会有自己的人生,让孩子对自己的事负责,才能让他有担当,也才能让他的能力在实践中得到发展,因为做到而更自信和主动。

孩子是否自觉又主动,也和大脑的思维模式有关。全球知名脑科学家丹尼尔·西格尔,在他的书《如何让孩子自觉又主动》中,强调开放式大脑是帮助孩子意识到自己是谁,会成为谁,并相信自己有能力克服失望和挫败,从而自觉选择更有意义的生活。父母可以通过接纳孩子的畏难情绪、肯定孩子的努力、教孩子换个角度看失败等,塑造孩子的积极大脑,让孩子去主动拥抱挑战,迎接未来的无限可能性。

孩子的自觉自律,肯定少不了对欲望的掌控。在孩子的成长过程中,会遇到越来越多的诱惑,零食、动画片、游戏……每一样都能让孩子沉迷不能自拔。欲望不能过度压制，也不能无限放纵，那都会给孩子带来无可弥补的伤害。欲望宜疏不宜堵，正确引导才能让孩子学会管理欲望，掌控自己。

另外，孩子的自律和专注力也密切相关。当孩子全神贯注于一件事的时候，就会达到心流状态，享受当下。只有当孩子完全沉浸在一件事情中，孩子才能轻松地坚持下去，从而培养出自律。比如，当一个孩子专注于练习书法，享受横竖撇捺传递出的美感，就会对练习书法这件事愈加热爱。可以说，这是内驱力的一个发源地。让孩子专注于一件事，享受一件事，继而热爱一件事，形成一个正循环，自律就会出现。

很多孩子缺乏专注力，一方面是因为对所做的事不感兴趣，另一方面是来自父母的打扰。比如，孩子正在专注于写作业或者玩游戏，父母在一会过来问问"喝水吗"，一会问问"吃水果吗"……父母本是好心，但孩子的专注力就这样被破坏了。当然，保护孩子的专注力，不仅仅是不随意打扰他，本书还介绍了科学的"番茄钟"工作法可以保证孩子专心写作业，有效的预习方法来帮助孩子沉浸到课堂，以及能够提高专注力的运动等以供父母参考。

孩子内驱力的培养,需要给孩子掌控感,需要减少外推力,需要正确鼓励,需要适度满足等。本书分别从八个角度,阐述了自驱性成长的特点,原因以及培养方法。在育儿知识和技巧的基础上,本书还融合了儿童心理学的理论成果,让父母不仅知其然还知其所以然,唤醒孩子的内在动力,和孩子共同成长!

目录

第一章
越强迫越逆反,把掌控感还给孩子

1. 简单又粗暴,永远培养不出自律的孩子 002
2. 父母以爱为名的控制,正在毁掉孩子的自律 ... 005
3. 你越催,孩子越不自觉 008
4. 提示孩子严重后果的"威胁",作用不大 011
5. 无微不至的过度关心,只会培养巨婴 015
6. 24小时监控下,是"假装努力"的孩子 018
7. 过度的物质激励,会打击孩子的积极性 021
8. 为什么说,越自由的孩子越自律 024

第二章
减少外推力,唤醒孩子的内驱力

1. 长期被外力驱使的孩子,早晚遭遇反噬 028
2. 无障碍交心,和孩子聊聊梦想 031
3. 培养胜任感,自律源自相信自己能做到 034

001

4. 不提前透支孩子的学习热情 ……………… 037

5. 不以学习为借口，剥夺孩子的兴趣………… 041

6. 对孩子没兴趣又没天赋的事，不强求 ……… 044

7. 沉住气，不羡慕因抢跑而熠熠生辉的孩子… 047

8. 自我价值感越高，孩子越自信……………… 050

第三章
建立边界，赋予孩子主动奔跑的能力

1. 父母经常越界，孩子懒惰被动……………… 056

2. 与孩子进行权力之争，输的一定是父母…… 059

3. 让孩子为自己的错误行为负责……………… 062

4. 学会"拒绝"孩子的求助…………………… 064

5. 让学习变成孩子自己的事…………………… 067

6. 提供选择，锻炼孩子的自主能力…………… 070

7. 把决策权还给孩子，从小事开始到大事…… 074

8. 学会放手，让孩子独立成长………………… 077

第四章
正确鼓励，让孩子拥有前进的动力

1. 说"是"，塑造让孩子的开放式大脑 ……… 082

2. 肯定孩子的努力，而不是能力或者聪明…… 085

3. 孩子犯错，别再用"消极后果"惩罚……… 088

4. 不贴标签，相信孩子发展的无限可能性............ 091
5. 在失败中增长能力，是给孩子最好的鼓励........ 094
6. 换个思路，鼓励孩子寻找更多方法................ 098
7. 困难面前，让孩子形成"习得性"乐观............ 101

第五章
精准回应，给孩子逆流而上的勇气

1. 面对孩子的畏难情绪，先接纳再引导............ 106
2. 当孩子要放弃，别说"再坚持一会"............ 109
3. 别跟叛逆期的孩子讲道理，没有用................ 112
4. 一输就发脾气，教孩子承认失败.................... 115
5. 当孩子说"不想活了"，别以为那是矫情........ 119

第六章
适度满足，孩子才经得住诱惑

1. 孩子吃零食，越禁止越疯狂........................ 124
2. 缺爱的孩子，一颗糖就能被人哄走................ 127
3. 满足孩子需要的，而非想要的.................... 130
4. 孩子沉迷手机，打骂不如约法三章................ 134
5. 面对孩子的不合理要求，不轻易妥协............ 137
6. 延迟满足，训练孩子学会等待.................... 140

第七章
提升专注力,帮孩子进入心流状态

1. 不随意打扰,保护孩子的专注力.................. 144
2. 巧用"番茄钟",让孩子专注写作业.................. 147
3. 积极预习,教孩子带着目的和问题去听课.... 150
4. 增加专注力的运动,一定要坚持.................. 153
5. 好好休息,才能专注学习.................. 156
6. 停止唠叨,让孩子集中注意力.................. 159

第八章
微习惯,让孩子把自律变成生活方式

1. 小到不可能失败的事,坚持就有收获.................. 164
2. 与孩子共同制订微习惯计划表.................. 167
3. 把微习惯融入孩子的日程安排.................. 170
4. 建立回报机制,给予奖励提升成就感.................. 173
5. 学会等待,给孩子培养习惯的时间.................. 176

第一章 越强迫越逆反，把掌控感还给孩子

1. 简单又粗暴，永远培养不出自律的孩子

2021年上半年热播的电视剧《小舍得》中有一集讲到，夏君山的女儿因为成绩不好受到了同学的排挤，夏君山心里有些不是滋味。在一次辅导女儿功课时，夏君山发现女儿没有认真听讲，一直想要孩子快乐成长的他瞬间情绪失控，开始训斥女儿，让女儿哭到呕吐。

很多父母都坚信"玉不琢不成器"。他们觉得孩子的成才离不开家长的批评、打骂、责罚。父母希望给孩子一个记忆深刻的教训，让孩子不再犯错，加上很多父母下意识用成年人的标准去要求孩子，他们就会采用简单又粗暴的方式来教育孩子。

曾有一对母女在海边想要轻生，在远离沙滩30多米的地方，他们被工作人员救下。问及轻生原因，这位妈妈说，因为孩子上网课总是不用心听，母亲就想吓吓她。这种理由，听了真让人不知道说什么才好。

父母往往在亲子关系中占据主导地位，他们拥有绝对的权威和优势。这也导致了很多父母在教育孩子时懒得思考方法、策略，不听孩子的想法，不管孩子的感受，"简单粗暴"地强迫、

威胁、命令孩子。

甚至不少父母觉得，孩子都有动物属性，简单粗暴的方式总能立竿见影，有什么不好呢？不是有很多狼爸虎妈都培养出了优秀的孩子？实际上，在教育心理学中，人们普遍认为孩子是非常脆弱的。简单粗暴的教育虽然能在短期让孩子的行为有所改善，但却会在孩子的心灵上留下难以磨灭的心理阴影。父母强势、粗暴的形象刻在孩子的脑海中，孩子的心中畏惧、暴力、愤怒、无助等负面印象逐渐生根发芽。

《好妈妈胜过好老师》的作者尹建莉曾经讲过这样一个故事：

一个1岁半的孩子开始吃手，他的父母亲人觉得这是不好的行为，想要纠正。家长用针扎、涂辣椒水、打孩子、24小时戴手套等手段，花样百出，冷酷得令人毛骨悚然。而孩子一直到4岁也没有纠正吃手的行为，他仿佛把自己隔绝起来，不愿意理人，而两只手已经被啃咬得有些畸形。尹建莉老师认为，冷酷的行为无法让孩子体会到亲人间的温暖，它不是教育。父母简单粗暴的行为永远不能让孩子感到爱和理解，自然也不能让他们接受父母的教育。

被父母简单粗暴对待的孩子永远不可能学会自律，因此父母需要调整自己的行为和态度。

向孩子解释"不可以"的原因

父母在纠正孩子的错误行为时，不仅要坚定地告诉孩子"不可以"，还要用易于理解的语言告诉孩子"不可以"的原因，说服孩子。比如，孩子抢其他小朋友的玩具，父母不要上来就对着孩子踹两脚,而是要告诉孩子这么做是不对的,玩具是别人的,没有经过人家的允许是不可以碰的。如果孩子不听,父母可以多对孩子重复几遍,确保孩子明白自己的行为是不正确的。

父母可以在事后询问孩子做出不妥当行为的原因,从根源上解决孩子的问题,同时再次告诉孩子他错在了哪里,确保孩子不会再犯。

把命令变成商量

"快点,现在去洗漱睡觉。""8点前,你必须把作业写完。"命令的口吻,只会让孩子反感,孩子就算乖乖照做,心里也一百个不乐意。不如把命令变成商量,"等你看完这集动画片,就去洗澡,怎么样?""你能否在8点之前写完作业?这样我们就有时间看一集《西游记》。"商量的结果是,孩子愿意接纳建议。

商量能让孩子感受到尊重,父母只有先给予孩子尊重,然后才能从孩子那里得到尊重。最后,大家才能坐在一起,平和地交流自己的想法和观点。

即便孩子的行为的确很恶劣,很过分,父母也应避免直接使用暴力手段。尹建莉老师曾经做过一个假设,如果孩子沉迷游戏而不吃饭,身为父母,你是会把饭菜端给孩子,还是把饭菜直接倒掉。相信很多父母都会选择后者,认为这样才能改正孩子的行为,戒掉游戏,按时吃饭。实际上,越强迫,孩子越逆反。而且,父母的冷漠只会加重孩子的叛逆。

孩子的成长,需要爱,需要关注,还需要方法。

2. 父母以爱为名的控制，正在毁掉孩子的自律

"不许挑食，香菜、胡萝卜都吃干净。""不冷也要把外套穿上，出去你肯定会冷的。""作业写完了就去预习，不准玩。"……一旦孩子表示抗拒，父母就会搬出那句"我这是为了你好"，理直气壮地要求孩子必须听自己的。

"我都是为你好"，不是爱，是以爱为名的控制。在父母的全力掌控下，孩子放弃了对自己的控制。

没有隐私，没有自我，一切都有父母安排，生活在父母严密监控下的孩子，没有丝毫的话语权。这让他们的精神备受折磨，感受不到生活的意义，幸福感极低。

心理学家李雪曾经提道：一个身体只能住着一个灵魂，如果父母掌控了孩子的行为，那么孩子的精神就已经名存实亡了。父母用"我爱你""为你好"来强迫孩子按照自己的想法来做事，时间长了孩子就会默认并顺从父母的决定是正确的，反正自己做的决定也不会被采纳，干脆放弃。直到习惯了对父母言听计从，懒得提出自己的想法。

喜欢控制孩子的父母有两类，一类是决定送孩子到高考结束，自己的任务就算完成了。于是，我们发现，那些结束了高考的孩子，因为之前被控制得太辛苦，会产生严重的补偿心理。考完，他们约同学一起，把时间都贡献给了大街小巷，每天不是吃饭，就是

逛街,晚上去练歌房唱歌。在家里,他们不是抱着薯片看电视,就是打开电脑上网聊天刷视频,或者通宵打游戏。也许开始,父母还提醒孩子早点睡,后来干脆由着他,因为之前的确憋太久了。

还有一类家长是只要自己活着,就永远对孩子不放心。因为不放心,他们就会无止境地介入孩子的生活,哪怕孩子已经长大成人,结婚生子。

在电影《囧妈》中,在开往莫斯科的火车上,妈妈一直都在给儿子徐伊万喂吃的,哪怕他正在打电话,妈妈也不停地往他嘴里塞小番茄,一直塞,根本停不下来。在妈妈看来,这就是爱,而徐伊万却不胜其扰。徐伊万说:"我不饿。"妈妈说:"你怎么会不饿呢?"徐伊万说:"我不喜欢小番茄。"妈妈说:"小番茄这么好吃,你怎么会不喜欢?"徐伊万说:"我不想生孩子。"妈妈说:"人怎么能不生孩子呢?"

徐伊万忍无可忍,让妈妈不要再管自己的事情了。妈妈的心里住着一个幻想出来的儿子,而徐伊万不符合妈妈的预想,所以他的婚姻、身材、接不接电话、生不生孩子,甚至什么时间上厕所,妈妈通通都要介入。徐伊万对妈妈说:"我是一个活生生的人,不是你养的宠物狗。"听到儿子的控诉后,妈妈说了一句话:"你疯了?你怎么可以跟妈妈这样说话?"

徐伊万问妈妈:"你为什么要一直改造我呢?这么多年,你难道没有意识到,我不是你想象中的儿子?"而妈妈问他:"你不是我的儿子是谁的儿子。"妈妈的眼里已经看不到儿子痛苦的脸庞了,她的脑海里只有一个道理:你是我的儿子,你得按照我的想法来,因为这都是为了你好。父母总认为孩子根本没有照顾自己的能力,就忍不住包办孩子的一切。在孩子很小,没有任何能力的时候,这是无可厚非的,但随着孩子年龄的增长,有了一定的能力,很多父母还是不注意界限,小到孩子的吃喝拉撒,大到孩子的人生规划,父母统统都替孩子安排好了。

父母的过度控制,很大概率会造成孩子的无能和不作为。因为孩子习惯了一切都听父母的,一旦离开父母,孩子不知道自己需要做什么以及能做什么,就会任凭自己陷入茫然的状态,浑浑噩噩地过日子。

中国人民公安大学的教授李玫瑾说,孩子12岁以后,父母要减少干预孩子,因为孩子长大了,父母应该用对待大人的方式去对待他。其实,在孩子3岁左右有了自主意识后,父母就要尊重孩子的个体独立性,不替孩子大包大揽,也不要事事都替孩子做决定。

在父母的控制下,多数孩子做着自己不想做的事情,过着自己不想要的生活,难免会消极怠工、自暴自弃。

想要让孩子成为一个自觉自律的人,父母需要学会的就是放手。

适当地远离孩子

在孩子逐渐长大的过程中,父母要和孩子拉开距离。过于亲密的关系会让父母忽视与孩子之间的界限,不自觉地介入了孩子的生活。父母可以时时关注孩子的成长，但不必事事都要替孩子做决定。吃不吃水果、系不系扣子等任何关于孩子的事，父母在干涉之前先想一想，如果你不管，孩子会受到无法挽回的伤害吗？如果答案是否定的，那就放手吧。

父母还可以偶尔让孩子离开自己的视线，让他和朋友出去玩，去信得过的人家做客，参加夏令营等都可以帮助父母克制自己的控制欲。

明白孩子不听话是正常的

很多父母从小就生活在家长主导一切的家庭，听从父母是一件不需要去思考的事情。但现在孩子可以通过互联网看到广阔的世界，他们每天可以接触到无数的信息和观点，自己也会产生和父母截然不同的想法。父母要告诉自己，孩子不听话是正常的，要学会尊重孩子，不把自己的想法强加到孩子身上。

父母可以和孩子保持频繁的沟通，多了解孩子的不同想法，接受孩子是一个独立、有主见的个体。

自律的前提是孩子有自己掌控生活的权利。父母先让孩子做一个自由的人，才能让他成为一个自律的人。

3. 你越催，孩子越不自觉

人民日报提出过一个名词"被动废人群"，指那些本来很愿意主动做事情，但只要被催促就会立刻开始抗拒的人群。作为"被动废人群",网友们纷纷留言:"我妈一催,我就更想赖床""越是催我写作业,我越不想写。"……

父母应该也发现了,每次孩子慢吞吞的时候,家长忍不住去催了催,孩子的反应永远是不为所动。甚至很多时候,当孩子看到父母很着急的时候,他们反而更加磨磨蹭蹭。很多父母都有些纳闷,为什么孩子就是不自觉、不知道着急呢?

父母着急,是因为他们知道迟到要付出代价,比如,当众挨批评、扣工资等,所以父母想尽办法让自己早起。而孩子赖床,是因为他们知道爸爸妈妈一定会催促自己,他们会保证自己不迟到。有了兜底的人,孩子自然会放心地继续睡过去。

催促会让人厌烦,孩子也一样。在逆反心理的作用下,孩子会故意和父母对着干,这一点在正处于青春期的孩子身上更为明显。

有一个人分享过自己的经历:为了让孩子不迟到,自己给孩子定了三个闹钟。在孩子醒来之后,她一边催促孩子穿衣服,一边帮孩子准备早餐。早餐做好后,孩子要不就是刚把衣服套在头上,要不就是又睡着了。她只好接着催孩子快点起床,快点洗漱,但孩子还是赖在床上。为了不迟到,她只能帮孩子穿衣服、洗漱、梳头,让孩子拿上早餐,她一路风驰电掣地送孩子上学。

母子俩每一天都重复着这样的程序,直到妈妈受不了了。她对孩子说:"从明天开始,你自己听闹钟起床,我就不叫你了,也不会送你去上学,你要自己坐校车去上学。"第二天,她看到孩子快迟到了,忍住没催。孩子一觉睡醒发现还有10分钟校车就要到了,他央求妈妈开车送他,妈妈不为所动。这时候,他才意识到妈妈果然不管自己了,于是他连忙套上衣服朝门外跑去。那一天,孩子差点没有赶上校车,但之后的每一天,他都没有迟到了。

父母的催促都是吃力不讨好的,父母越催,孩子越不配合。对孩子来说,父母的催促就像命令,把自己的主动权给抢走了。孩子看不到父母对自己的尊重和信任,被侵犯权利后只能消极抵抗,本来想做的事情也赌气不做了。而父母则强行把孩子的事情变成了自己的任务,压力倍增。

尹建莉老师指出:没有机会安排自己生活的孩子,是学不会控制自己的。父母总是催促孩子,除了让孩子心里不爽以外,还会让孩子越来越依赖父母。催促会让孩子误以为自己是在为爸爸妈妈做事,长此以往,孩子做任何事都需要父母的催促和监督。他们的学习和生活也变成了对父母的应付和糊弄,逐渐失去了自觉性和责任心。

父母不要单单让孩子把事情做好,还要让孩子学会把自己做好。只有停止催促,才能激发孩子的自驱力,让孩子学会自觉。

把催促变成鼓励

每当父母想说"你快点!""要来不及了!"这类话时,可以自动把他们换成"慢慢来,加把劲"。父母要懂得照顾孩子的情绪,不要把焦躁的情绪传染给孩子,引起孩子的厌烦。

如果是很着急的情况,父母可以告诉孩子原因,比如:"小宝,过一会就到了睡觉的时间了,如果你还没有写完作业,妈妈就不能陪你了。"父母让孩子意识到问题的后果,孩子自然就会加快速度了。

让孩子了解并管理时间

孩子对时间的概念认识不清,父母可以试着让孩子对时间的长短有一个大体的认识。比如,父母可以计时让孩子刷牙3分钟,或者让孩子写作业半小时、玩耍半小时,让孩子逐渐了解时间是多少。

父母可以让孩子自己制订日常计划,每天加点到几点做什么事情。父母要培养孩子在固定的时间做固定的事情,让孩子逐渐熟悉生活的节奏,形成习惯。

不要拿成人的节奏要求孩子

孩子不可能像大人一样快速地做好每一件事。父母要懂得换位思考,体谅孩子。他们要看得到,孩子的手就是很软很小,写字会很吃力;孩子的理解能力和行动力都有限,父母和孩子同行时一定要配合孩子的步调。

4. 提示孩子严重后果的"威胁",作用不大

"还吃零食,你的牙是不想要了吗?""再不写作业,今晚是准备挑灯夜战吗?""也不知道交朋友,将来你想找个聊天的人都没有!"对待不听话的孩子,父母总喜欢威胁孩子,他的行为会造成多么严重的后果。但孩子听了,往往不为所动。畅销

书《虎妈战歌》的作者耶鲁大学教授蔡美儿就讲过一件威胁孩子失败的经历。蔡美儿要求小女儿练琴,小女儿拒绝了。于是蔡美儿威胁孩子:"如果你不练琴,我就把你赶出屋子。"当时小女儿脾气上来了,直接自己走出去了。外面的天气很冷,女儿穿得很少。蔡美儿不能真的让孩子受冻,就只能自己找个台阶下,她对女儿说:"我觉得你已经意识到自己的错误了,回来吧。"

大量的心理学和神经学的研究表明,人类非常抵触威胁。即使父母告诉孩子的严重后果合情合理,但只要这种说话方式让孩子感到威胁,他们就会选择逃避、拒绝接受。比如,父母对孩子说:"你再玩游戏,就考不上大学了。"这时孩子为了逃避这一严重后果,很可能就会反驳父母:"小乐每天回家不写作业就打游戏,他一直都考第一名。"就这样,孩子亲自把"威胁"排除,依然没有改变自己的行为。并且,父母所说的严重后果对孩子来说太遥远了,孩子往往没有紧迫感,直接就把"威胁"忽略不计了。

父母的"威胁"除了不能让孩子改变自己,还会伤害孩子的心理健康。哈佛大学医学院的马丁泰彻博士发现,语言威胁会改变人的大脑结构,言语威胁很容易影响大脑的胼胝体,它主要是负责在两个大脑间传递感觉和认知信息。胼胝体受伤影响到管理情绪的海马体和负责思考和决策的前额叶,从而影响孩子的注意力和记忆力。另外,如果父母频繁说出让孩子感到威胁的话,还会让孩子变得懦弱、自卑,这样的性格一旦形成,很难再改变的。

与其威胁孩子,不如给孩子一些信任,一点时间,静待花开。在无条件的信任和爱中，孩子内在的动力终有一天会觉醒，并爆发出惊人的能量。

教育学专家黑幼龙的二儿子立国，学习成绩一直不太好，总是全班的倒数几名。当立国上高中以后，还是每天疯玩。妈妈有些担心，就问他："你还这么玩，不考大学了吗？"她的意思很明白，就是告诉立国，他再不努力学习，就很难考上大学了。没想到立国来了一句："妈，这你就不知道了吧。我们学校收垃圾的那个垃圾车司机的工资，是我们学校老师工资的两倍多。"妈妈看了看高高大大的儿子，摸摸他手臂上的肌肉，温和地说："嗯，如果你去考垃圾车司机，应该能考上。"这时候，她明白，按世俗价值的评判标准去威胁孩子是没有用的。

最让父母头痛的还不是立国的成绩不好，而是他经常调皮捣蛋，到处惹事。一次，妈妈发现割草机打不着火，她打开油箱一看，里面全是乳白色的东西。正在她纳闷的时候，立国若无其事地走过来说："妈，我在做实验，想看看牛奶能不能代替汽油。"

最严重的一次，立国去超市购物，偷偷拿了一副手套没结账，结果被保安抓了个现行。妈妈和超市交涉了很久，才把他领回家。回家后，妈妈和他谈话，他装作无辜地说："我同学说在超市拿点小东西，是不会被捉住的。我觉得很有趣，就想试一下……"

即便如此，爸爸黑幼龙也没有因此指责他，贬低他，更没有认为他是个坏孩子。而是给商家道歉后，告诉立国，错了就要改正。爸爸罚他修剪家里的草坪，除此之外，并没有其他的惩罚措施。

后来，立国从差生逆袭，考上了加州大学的医学博士，成了华盛顿大学的副院长，连黑幼龙都觉得是个奇迹。回顾立国的成长，黑幼龙用自己提出的慢养教育解释道："也许孩子现在的功课很差，甚至交了一些坏朋友，但他将来仍然有可能成为很杰出的人。不要提前给孩子的人生下结论，孩子的教育需要慢慢来。"

在一次访谈中，黑幼龙明确解释了慢养，他说："我说的慢不是时间上的慢，而是心情上的慢。就好比：小孩偷拿了东西，不要急着批判说孩子罪大恶极。一次考试成绩不好，父母不要反应太急躁，因为这些事都会过去。"

正是这种爱和信任的力量，给了孩子无穷的动力。立国在给父母的信中写道："虽然小时候我做了那么多坏事，但你们一直爱我，对我有信心，相信我是一个善良、有才华，充满潜力的人。你们的耐心和包容和从未放弃的态度，使得我没有放弃自己。"

父母想要改善孩子的行为，无需用"威胁"的方式，父母可以试一试下面的方法。

用好消息代替坏消息

既然人类的大脑不喜欢威胁，那父母可以把威胁变成好消息，让孩子更容易接受。比如，父母想要孩子按时睡觉，不用和孩子说"睡眠少长不高"这类话，只需要告诉孩子"如果你这周按时睡觉，我就给你买你最喜欢的零食"。父母可以用短期能够实现的愿望来激励孩子，让他们改善自己的行为。

了解并肯定孩子的做事动机

著名心理学家弗洛伊德说，任何人做事都有动机，不是为了得到乐趣，就是为了避免痛苦。孩子们也是这样，父母要找到孩子做一件事的正面动机，去承认和肯定它，以便取得孩子的信任。但是家长需要注意，你肯定孩子做事的动机，不等于接纳他的行为。这样做的目的是建立良好关系，在这个前提下，才能更有效地帮孩子做出改变。

看见孩子的努力

父母总是更看重结果，比如孩子考得差，家长就生气批评，而不会关注孩子学习中付出的努力。每个孩子都不会主动愿意躺平，他们多半是被父母打击多了，或一直被忽视，才想通过放弃取得父母的关注。父母要看到孩子的努力，肯定他们的努力，让他们拥有努力的动力。

威胁和恐吓从来不是教育孩子的方式。父母只要对孩子有足够的爱和耐心，孩子就会愿意接受父母的教导，变得更好。

5. 无微不至的过度关心，只会培养巨婴

"巨婴"是指那些已经长大却还要依赖父母亲人照顾，生活不能自理，也做不到自力更生的人。父母对孩子的过度关心，让孩子从小就没有自主独立的机会，长大后心智和能力方面都没有发展得很好，难以融入社会，最后大多数只能在家"啃老"。

一对夫妇年近四十才有了一个儿子,他们对这个孩子寄予厚望。为了让孩子专心读书,父母帮孩子包办了一切。孩子上高中时自己还不会系鞋带,上大学时还不会做饭。父母无视这一切,他们认为孩子只要学习好就够了。所幸孩子学习优异,考上了国外的名校,一直读到了博士毕业。父母欢天喜地地以为,孩子学成归国后一定会顺风顺水。但没想到,孩子回国后4年都不想出去找工作,每天就是在家里睡觉、打游戏,比他们先一步进入了养老模式。

被父母宠溺着长大的孩子,他们发展自身能力的机会被剥夺了。由于能力不足而产生的自卑,则会让孩子不敢面对各种挑战,害怕步入社会,所以他们只会选择逃避。慢慢地,他们的心理也开始变得矛盾。他们一方面不满父母对他们的安排,把自己不如意的现状全部归咎于父母,怨恨父母,一边又享受着父母的馈赠,理所当然地让父母继续供养自己。

如果孩子一直被父母照顾,那么他们长大的只是身体,心理则会一直停留在幼儿状态。等他们成年后进入职场,就会表现得像个需要被照顾的婴儿。比如他们不会主动做事,只等着领导的命令,领导推一下,才肯动一下,就如同在家被妈妈催促一样。他们最大的特点还是以自我为中心,有了问题从不思考任何解决方法,而是习惯去抱怨、敷衍、应付。他们更没有想要提高自己能力的想法,而只想着让上司和同事来帮自己分担工作,解决问题。他们认为别人有义务帮助自己,还把这种帮助视作理所当然。

总之,被照顾大的婴儿,永远是个婴儿,他们不会承担责任,不想付出,只愿意享受。

巨婴的表现并非是自身能力不足,更多是由于从小父母就没有给他们施展能力的机会。如果什么都不用付出,一切都被照顾得好好的,那他们有什么理由去付出呢?

父母关爱孩子是天性使然,但过度的关心只会让孩子变得被动、懒惰、对一切都无动于衷。少一点关心,让孩子试着去做该做的,承担该承担的吧。

不要为了省事替孩子去做

父母一定会遇到这样的情况,孩子自己吃饭吃得满脸都是,自己穿衣服怎么都扣不上扣子。看到孩子做不好,很多父母就会不耐烦地亲身上阵替孩子做事情。

替孩子做事,看起来高效解决了问题,省事了,但这种做法也剥夺了孩子锻炼动手能力的机会。两三岁的孩子可以自己洗一些不太脏的手帕、袜子等,也可以自己拿勺子吃饭。对于这些必备的生活技能,父母可以先让孩子自己尝试去做,如果孩子做不好,家长就多给孩子示范几次。父母要保持耐心,等到孩子越来越熟练,做事的欲望也会越来高涨,内驱力就这样培养起来的。

孩子独自面对挫折的机会

两三岁的孩子可能得不到自己想要的礼物,四五岁的孩子可能骑自行车会摔倒,七八岁的孩子可能考试成绩不理想……每个年龄段的孩子都必然会经历一些特定的挫折。父母不要替孩子承受，让孩子失去面对挫折、战胜挫折的机会。

在孩子遭遇挫折时，父母要关注孩子的变化，及时引导她。让孩子学会调节心情，积极面对挫折、分析问题、把想到的方法付诸实践，从而让孩子学会在失败中成长。

父母给孩子所有精神、物质方面的馈赠时，不要忘记给孩子一些自由、独立成长的机会。

6. 24小时监控下，是"假装努力"的孩子

很多父母总是对孩子不放心，他们似乎只有把孩子放在自己眼皮底下，才能安心。但父母不能24小时监控着孩子，于是，电子摄像头就成了父母的眼线。

网上有个故事说，一位妈妈在女儿的房间里装了摄像头，24小时不停地监控着女儿的一举一动。女儿刚上小学一年级，妈妈就通过摄像头监督她，看她有没有偷偷玩耍，写字的姿势是否端正等。一旦发现孩子出现小差错，妈妈就会立即用对讲功能训斥孩子。

先不说父母监控孩子算不算侵犯孩子的隐私，会不会对孩子造成心理阴影。现在我们思考的是，24小时监控真的能让孩子变得自觉主动吗？例如，因为有监控，所以孩子就会发自内心地努力吗？答案当然是否定的。

父母这种24小时监控孩子的行为，只会引发孩子的不满，

造成孩子的排斥和反弹。一个 14 岁的小男孩，因为无法忍受父母的监控，直接报警求救。就算慑于父母的权威，孩子没有直接反抗，但他们也有应付的招数，那就是做做样子。他们的内心戏是这样的：你监控我，不是就想知道我是不是努力吗？那我就遂了你的心愿，做出努力的样子给你看吧。

于是，在父母的 24 小时监控下，很多孩子都学会了"假装努力"。他们的眼睛盯着书本，心思早就神游天外了。半天过去，书翻了好几页，却连一个字都没看进去。笔记抄了不少，却一个字也没往心里去。"假装努力"的孩子往往表现很刻苦，但学习成绩却始终没有明显提升。在父母的监控压力下，他们一门心思只为应付父母，避免挨训甚至挨打，根本不会花时间主动思考，主动努力。

还有一些孩子营造"努力学习"的假象，他们这样做不仅是为了安父母的心，还是在安自己的心。很多父母在监督孩子时，只关注孩子有没有偷懒、开小差，问孩子学习了多长时间，做了多少道题，或者外面的干扰有没有影响学习，这种监督形式大于内容。当孩子感觉到父母认为的学习就是做出努力的样子，他们慢慢也会变得不在意学习的效果，毕竟那才是费神费力的。于是，他们也开始自我欺骗，觉得自己对着书枯坐一下午，就已经非常努力了。

卡莱尔说过："在含糊的能力和明确的成绩之间，差别是巨大的。"父母 24 小时监控下，孩子在"假装努力"，但成绩是无法造假的。其实，父母想要让孩子自觉努力、有所提升，完全可以用一些更聪明的方法。

培养孩子的学习兴趣

兴趣才是孩子自觉学习的动力，父母可以多培养孩子的相关方面的兴趣。想让孩子对数学感兴趣，父母可以给孩子找一些著名科学家的传记，或者有趣的数学题。想让孩子对英语感兴趣，父母可以让孩子多看一些有趣的外语视频。想让孩子主动练琴，父母可以多带孩子观看一些音乐会。

另外，父母要多鼓励孩子，让孩子相信自己在某一方面有天赋，肯定孩子的进步，这样也会让孩子信心大增，提高孩子学习的积极性。

提高孩子的效率

为了让孩子更有效率地学习，父母可以提前告诉孩子，今天的学习任务是什么。父母也可以帮孩子制订计划表，让孩子在规定时间完成任务。父母可以根据具体情况，在孩子学习过程中，留出一些休息时间，保证孩子的学习效率。

父母不要让孩子一直学习，要留出休息的时间。在保证孩子完成学习任务的前提下，父母可以空出一天或者半天的时间，让孩子去做自己想做的事情。

只询问孩子进步和结果

父母在检查孩子的学习成果时，要向孩子提问具体的知识点，或者让孩子做一两道题检测一下。父母需要检查孩子是否有进步，不要因为孩子学习时间长就认为孩子一定学会知识了。父母要告诉孩子，努力和结果同样重要，让孩子能够重视结果，有质量地努力。

监视和控制永远不可能培养出自律的孩子，父母只有学会放手，学会相信孩子，才是对孩子最好的激励。

7. 过度的物质激励，会打击孩子的积极性

很多父母都喜欢用物质来激励孩子劳动、学习，但其实什么事情都要讲究适度，父母也许不知道，过度的物质激励也会打击到孩子的积极性。

美国社会心理学家费斯汀格做过一个经典实验：他要求一群大学生去把松了的螺丝拧紧，再把拧紧的螺丝拧松，如此反复一小时。然后他分别付给一些学生1美元，一些学生20美元，并让所有的学生欺骗下一个学生，说实验很有趣。

最后实验结束，所有学生都要评价实验是否有趣。得到20美元的学生认为实验很无聊，而只得到1美元的学生则认为试验很有趣。

为什么会是这样的结果？费斯汀格解释，内在动机影响了学生的想法。

得到1美元的学生，他们显然不觉得自己会因为1美元而撒谎，所以他们会改变自己的想法，觉得实验很有趣，这样1美元

才是合理的。而得到20美元的学生，则认为20美元是自己撒谎的价码，所以他们不必再去发掘更多的原因。

当事实不符合孩子的认知时，孩子就会改变想法，改变行为。父母用过度的物质来激励孩子，孩子就会认为奖励是自己努力的报酬，他们会把注意力的重点转移到物质奖励上，从而忽略努力带来的快乐和成就感。

妈妈和芳芳约定，只要芳芳考试成绩在年级前十，就会送给她一次奖励。第一次考试成绩公布的时候，芳芳考了第5名，妈妈便送给了芳芳一部手机。下一次考试，芳芳考了年级第3名，她要求妈妈送给她一台电脑，妈妈也答应了。接下来的考试中，芳芳考到了第9名，她要求妈妈带自己去欧洲旅行，妈妈觉得芳芳的成绩下降了，便拒绝了芳芳的请求。这让芳芳很不满，她说如果妈妈不带自己去，她就不学习了。

尹建莉老师在《好妈妈胜过好老师》中写道，父母把物质当作诱饵，激励孩子做事情，就像是在对孩子行贿。在父母一次次的行贿中，孩子的胃口一点点膨胀，直到父母无法满足，于是孩子失去努力的理由。而且，当孩子把得到贿赂当成了学习的动机，久而久之，孩子就会认为努力学习、劳动不是自己的责任，而是在帮父母完成任务。尤其是当他们取得一定的成绩之后，就会理所当然地向父母讨要奖励，不能被满足，立马就会掉链子。

父母可能觉得一直给孩子奖励也无妨，但孩子迟早会长大。如果孩子习惯了用自己"先得到回报，再付出努力"的模式，那么在工作中，他们也会因为薪水没有达到理想要求，选择消极怠工，而不是努力进取。

孩子的积极性不是靠外物激励产生的，而是要出于孩子本身的驱动力，只有这样孩子才能坚持努力，不被外物左右。父母的引导对于培养孩子的自驱力起着非常重要的作用，那么，父母可以用哪些手段来激励孩子呢？

多给孩子一些精神奖励

研究显示，3到6岁的孩子对物质没有清晰的概念，此时父母应该满足孩子的真实需求，即精神上的需求。父母要及时看到孩子的进步，肯定孩子的努力。父母可以看着孩子的眼睛，对他说："爸爸妈妈看到了，你做得很好。"父母还可以轻轻拍一拍孩子的肩膀或者后背，拥抱孩子，也可以记录他的努力，夸赞他。父母这种做法会让孩子明白，自己的行为是正确的，进而坚持并强化自己的努力。

慎重地给孩子一点物质奖励

物质奖励对孩子的激励作用是短暂而强烈的，甚至很可能带来许多负面效果，父母应该更加慎重的使用。父母给孩子物质奖励时，往往是根据孩子取得的成绩，或者行为的时间长短来决定的。父母的这种做法其实是忽视了孩子的努力，这样容易让孩子养成"唯结果论"的思维模式，从而无法接受失败，抗挫折能力差。

父母在日常生活中要细心观察孩子，在孩子自觉努力之后，记得给孩子适度的物质奖励。并且父母要向孩子说明，给他奖励是因为他努力了，而奖励的礼物价格也不要太高。父母要和孩子分析这份礼物的价值，以及家庭的经济承受能力，告诉孩子他的礼物一般会处于哪个价格区间，让孩子不要产生父母注定无法实现愿望，或者很难实现愿望的期待。

父母可以观察孩子平时想要什么，或者直接询问孩子的需求，不要送给孩子一些父母认为有价值的礼物。同时父母要确保自己一定能实现和孩子之间的约定，让孩子相信自己。

物质激励对孩子的发展来说是一把双刃剑，父母要慎重使用，让它对孩子的成长产生正向的影响。

8. 为什么说，越自由的孩子越自律

著名教育学家蒙台梭利认为，纪律要建立在自由之上。因为有了自由，孩子就会选择做自己感兴趣的事情，并在反复做的过程中学会专注。长久的专注会让孩子了解规律，并愿意遵守，做到自我控制。简单的一句话概括就是，父母给孩子自由，孩子就能学会自律。

现实也是如此，那些学霸通常不需要父母在屁股后跟着督促、唠叨，他们往往有着更高的学习积极性和主动性。相反，有些父母为了孩子好好学习，用尽表扬、批评、奖励、惩罚等各种手段，他们费尽心思却收效甚微。孩子被管得越多，越是依赖父母的管束，慢慢就会失去主动性。就像孩子习惯了父母在旁边陪

写作业，当父母不陪的时候，孩子就不写了。

孩子热爱自由，当孩子失去自由，甚至有窒息的感觉。他们就会产生逆反心理和心理免疫，逐渐丧失存在感和责任感，当然也丧失了学习的积极性。父母给孩子自由，不仅是让孩子对自己的行为负责，还是激发他们的自驱力，让他们学会控制自己。

那是不是说，既然要给孩子自由，那就撒手不管吧？这里说的给孩子自由，不是要父母对孩子万事不管。孩子的心智还不成熟，加上天性爱玩，如果父母任由孩子自由生长，那孩子达不到父母的预期是必然的。

同时，父母也要明白，教育孩子是一件日积月累的事情，不要期望一种教育方式的实施能立马换来孩子行为上的转变。既然给孩子自由，就给孩子一些时间去成长。不要因为孩子一时没有管理好自己，甚至有点放松，就赶紧收回孩子的自由权，重新干预孩子的生活。

既然决定给孩子自由，父母就要先做好心理建设。即使短期内孩子可能没有变好，甚至变坏了，也要坚持下去。如果父母一段时间给孩子自由，一段时间管束孩子，如此反反复复。

给孩子自由就要保持耐心和包容，给孩子改变的时间。当然，在给孩子信任的同时，还要给孩子一些积极的引导。

用示弱的方式给孩子自由

德国儿童教育学家兰海指出，父母偶尔对孩子展现出自己能力的不足，会让孩子学会包容、坚强和责任意识。

父母的示弱让孩子更容易走向独立和自由。在孩子询问父母意见或者寻求帮助的时候，父母可以说："这件事爸爸妈妈也不知道该怎么做，你有没有什么好办法呢？"这种说话方式，可以有效引导孩子去思考。

在孩子有所行动后，父母要及时夸奖孩子。孩子还小，可能体会不到自由的快乐，但父母可以让孩子体会成就感，引导孩子坚持下去。

不要多管的几件"小事"

心理学家认为，孩子在3到4岁左右，就会产生独立意识，这是父母给孩子自由的最好时机。对于孩子有掌控力的那些事情，父母可以少插手，慢慢放手。例如，对于6岁的孩子，可以让他学习整理自己的书包、书桌、床铺等。对于孩子的一些个人安排，如笔筒放在哪里，窗台上的书怎么摆放，家长不要过多干涉。

当孩子还不具备掌控管理自己生活的能力时，父母在放手不管的同时，可以给孩子定几个保证孩子健康学习、生活的小规矩。比如，必须要在8点之前完成作业、每天保持半小时运动、睡前刷牙等。父母可以对孩子示范几遍事情的正确做法，但不需要规定孩子要怎么做事，几点做事。

父母给孩子自由，可以放下自己的手，合上自己的嘴，但永远不要忘记关注、关心孩子。如果孩子只有自由，却感受不到父母的爱，更容易会自暴自弃，因为他觉得反正你们也不在乎我，我何必去努力？

第二章 减少外推力，唤醒孩子的内驱力

1. 长期被外力驱使的孩子，早晚遭遇反噬

父母不认为孩子能管好自己，所以就习惯性地将外力作用于孩子，威逼利诱，各种奖励惩罚，能想到的方式都用上了。孩子似乎表现得也很不错，虽说够不上顶尖，但也一直遥遥领先。孩子不一定考得上清华北大，但考个重点一本还是没有问题的。到了这一站，父母就撤销了对孩子作用的一切外力，认为他们能做的已经做完，终于可以松一口气了。

对于这种成绩，父母当然是满意的，甚至沾沾自喜的。如果人生到大学就为止，这样的结局无疑很不错。但事实上，大学不是人生的终点，而是一个新的起点。

而长期被外力驱使的孩子，忽然发现没人管的世界竟然有这么多好玩的。于是，他们迅速投身于各种诱惑，沉迷于游戏，纵情于灯红酒绿，学会抽烟喝酒等，遭遇严重的反噬。所谓反噬，就是之前因为父母外力作用而失去的自由，现在要加倍补回来，这种弥补常常会达到疯狂的状态。

某大一新生，在第一个学期就因为多门课程不及格，而被学校开除。原因是在高考前，他每天的生活都被父母安排得满满

的，他很少有娱乐，更没接触过游戏。当他辛辛苦苦考上大学，父母不再管他了，他第一次接触到游戏，就控制不住自己。以至于他每天熬夜打游戏，根本无暇学习。反正也没人管自己，索性打个痛快。

对于那些一直被父母的权威支配的孩子，他们习惯了附和、服从，没有管理好自己的学习、生活的能力。他们一旦脱离密不透风的监控，面对突然而来的自由，就会不知如何是好，于是很多人就选择了无底线地放纵自己。他们把在课堂上玩手机、睡觉、发呆或干脆逃课的做法，看成是十年寒窗应得的奖励和报酬。

简·尼尔在《正面管教》中写道，对于严苛的管束，很多孩子都会表现出报复性娱乐。

心理学有一个名词叫作"童年报复性补偿"，即童年时期被压抑某种欲望，导致欲望被无限放大。于是在有条件满足欲望时，人们就会尽可能地弥补过往的遗憾，比如疯狂玩游戏，一整天躺在床上不做事……

而有些父母总和孩子说："你必须好好学习，才能考上好大学，找到好工作，否则你的将来就完了。"于是孩子在父母的严格管教下，煎熬着学习，梦想着进入大学以后黑暗就结束了。在这个过程中，孩子只会对学习越来越痛恨，而不是越来越爱。

很多父母可能会反驳，自己能进入一个好的大学，多亏了当时他们父母的管束。但如果学习仅仅是因为畏惧父母和未知的未来，而不是因为热爱，那孩子能坚持多久呢？父母或许能管束出一个高分考生，但却很难管束出一个自律的孩子。

同时，长期被管束会让孩子感到窒息，消磨他探索世界的热情和好奇心，让他找不到可以为之奋斗的事情。他一面渴望摆脱父母，一面又毫无方向，只能继续依赖父母，被外界推着走。成年后的他们，也许做着不错的工作，内心的幸福感却非常低。

那么，父母到底要怎么做才能开发孩子的内驱力，让孩子爱上学习呢？

有针对性地帮助孩子

父母不必管着孩子的一切，只要在孩子需要帮助时，提供必要的帮助就可以了。平时，可以观察孩子的学习生活，发现他的薄弱项，比如，缺乏专注力，依赖父母，学习不认真等。父母要综合分析孩子出现这些问题的原因，找到解决办法，然后进行针对性的训练，来提高孩子学习、做事的效率。这样，孩子就会获得成就感，有动力继续努力。

重点看质量

很多孩子学习很自觉，但成绩就是不好。这是因为父母大多习惯于看孩子的学习投入，也就是报了几门补习班，学了几个小时，做了几页题。而对于孩子学习的成效，例如他是否掌握学习内容、是否有进步等却被忽略了。但这种做法就会让孩子认为，没有效率地枯坐一天，或者随随便便写几页题也是在努力学习，但事实上他什么也没学进去。

因此，父母可以把学习过程的重要性放低一些，让孩子自主把握。父母只需要从学习的结果来查验，看孩子成绩是否有提升。如果孩子学习质量不高，父母可以给孩子一些帮助，提高他的学习能力，让他能跟上学习进度。渐渐地，孩子就会发挥自主性，找到适合自己的学习方法，体会学习的乐趣。

小说《无声告白》里说，人终其一生就是要摆脱他人的期望，回归真实的自己。确实，对很多孩子来说，他们的期待就是摆脱父母的期待，拥有自己独立的人生追求。这不仅需要孩子的修行，也需要父母放手。

2. 无障碍交心，和孩子聊聊梦想

在电视剧《小欢喜》中，妈妈宋倩希望女儿英子去报考北大、清华，而英子有一个航天梦，她想去报考南京大学天文系。妈妈强迫女儿听从自己的安排，导致女儿有了强烈的厌学情绪，考试失利。英子告诉朋友，其实那些题她都会做，但当时就是不想做。那么，我们假设，如果妈妈支持英子梦想的话，结果一定会截然相反。

梦想是孩子努力的永动机，找到它，就等于给孩子装上了一个自动马达。苏格拉底说："世界上最快乐的事，就是为理想而奋斗。"当一个孩子有梦想时，他就会用尽全力去追求。即使受挫，他也乐意，因为孩子会"追梦"的过程中感到快乐和兴奋。

列夫·托尔斯泰说:"理想是指路明灯,没有理想,就没有方向更没有生活。"如果一个孩子没有梦想,或者清楚地知道自己的梦想无法实现,他就只能靠着外界的压力让自己努力。这样的人生没有锚点,多年以后,他们或许会觉得自己的人生就是一场"瞎忙活",进而失去了努力向上的积极性,选择随遇而安,或者放纵堕落。

张天助在高二时体重达到了152千克,小小年纪就患有脂肪肝。但在国庆节阅兵时,他看到了器宇轩昂的士兵们。之后,成为一个军人的梦想在他心里萌了芽,他想要考进国防科技大学,去实现自己的梦想。但按照他一米八多的身高,他想过军检线,体重就不能超过92千克。

于是,他开始执行严格的减肥计划,他的食谱上几乎都是清水煮青菜,再放一点调味料。他每天早早起床去跑步,中午跳绳,晚上去健身房锻炼。在坚持锻炼的同时,张天助还加紧了文化课的学习。500多天后,张天助减到了88千克,并以651分的成绩如愿考入了国防科技大学。

梦想可以点燃一个生命,有梦想的孩子更坚定,无论外界如何变化,他都会朝着那个清晰的目标努力。有了梦想,孩子就会意识到他选择了自己的未来,责任感会让他督促自己不断努力、不断变好。但孩子的梦想千奇百怪,它可能是理想,也可能是幻想,甚至隔三岔五就会变一变。父母和年幼的孩子谈梦想,但孩子理解什么是梦想吗?孩子的梦想有实现的可能吗?这些都是父母需要和孩子沟通的问题。

不久前,有一则关于留守女孩报考北大考古专业的新闻。人们纷纷赞叹女孩艰苦、努力、成绩好。但这其中夹杂着另一种声音"这样冷门的专业将来挣不了钱。""穷人家的孩子学什么考古。"……

这些舆论没有影响到她,她说,自己从小就喜欢被誉为"敦煌女儿"的樊锦诗先生,因此一直都希望能够学习考古。樊锦诗先生是从事文物修复的专家,为了保护文物,她数十年如一日地坚守在大漠。

梦想,是战胜惰性的内在动力,是排除万难的力量源泉。为了自己心中的梦想,孩子才会全力以赴。父母不妨多和孩子谈谈梦想,趁早帮孩子发现梦想,引导孩子坚持梦想。

让孩子发现梦想

父母可以创造条件,让孩子多接触他喜欢的事物,从中发现梦想的种子。比如,孩子喜欢小动物,父母可以给孩子看与动物相关的书,带孩子去动物园和博物馆,让孩子了解更多的动物分类,形成具体的梦想。

让孩子坚持下去

父母可以给孩子讲一些有关梦想的故事,故事的主角可以是自己或身边的人,也可以是名人。然后,父母可以引导孩子分析,为什么有的人梦想会实现?有的人梦想没有实现?让孩子意识到实现梦想的过程并不轻松,用不同的态度对待梦想,结果是不一样的。

父母可以引导孩子制订实现梦想的计划,帮助孩子一步一步地完成计划,父母可以在孩子完成一个小步骤后,给孩子一些鼓励和奖励。

给孩子看梦想实现的样子

当孩子想要放弃时,父母可以带着孩子看一看梦想实现的样子。比如,孩子想当音乐家,那父母就可以带孩子去听音乐会,让孩子直观感受梦想的样子。如果这是孩子真正的梦想,他会就受到激励。如果孩子对此不感兴趣,那就证明这只是他一时的突发奇想,父母可以允许孩子放弃,让他寻找真正的梦想。

孩子的梦想也许不切实际,也许荒诞可笑,但这些都是能激励孩子努力的宝藏。父母保护孩子的梦想,就是在让他的未来有更多的可能性。

3. 培养胜任感,自律源自相信自己能做到

心理学家罗伯特·怀特认为,胜任感是人类的基本需求。孩子生来就渴望胜任感,所谓"胜任感"就是孩子觉得"我可以""我做得到"。胜任感会驱动孩子不断向上、努力,成为更好的人。

美国心理学家德西和瑞安提出"自我决定理论",认为人类生来就会追求争取自主、胜任和归属,来应对外界的挑战。那

么，胜任感到底来源于哪里呢？答案是在行动过程中获得的掌控感、在行动成功后获得的成就感、在家庭和学校中获得的满足感。这三个环节常常是连续在一起的过程，举个例子，比如一个孩子努力学习，在考试中取得好成绩，获得父母和老师的肯定。这样孩子就会觉得自己能行，从而增强自信心和主动性。

但生活中，孩子的胜任感往往会在第三个环节被损坏。对孩子努力的结果，父母总是找各种理由不去给予足够的重视和积极的反馈。

莉莉画了一幅画，兴冲冲地拿给爸爸看。爸爸正忙着看手机，他扫了两眼画，说："真好看，你可以把这个太阳画圆一点。"莉莉撇了撇嘴说："这是个月饼，上面还有字。"爸爸有些不耐烦地说："好好，你自己画去吧，爸爸忙着呢！"

很多父母都正在不自觉地剥夺孩子的胜任感，在父母眼里也许不值得一提的小事，却会给孩子带来挫败感。比如，不断挑剔、指责孩子，不重视孩子的"作品"，不承认孩子的进步，用打压"激励"孩子等。没有胜任感，孩子会觉得自己是个没有价值的人，他们会因为缺乏自信而过分在意外界的看法，慢慢变得喜欢逃避、没有责任感。

在0到6岁期间，孩子的信任感、自主性、独立性、安全感都会有一定的发展，而这些正是形成胜任感的基础。在这期间，父母需要多给孩子及时、正向的回应。比如，引导孩子做成功很多事，让孩子改正错误，不过多干涉孩子等。如果父母错过了这个阶段,那就要付出更多心力来补足。

只有引导得当,父母才能在孩子心里建立胜任感,源源不断地为孩子提供努力的动力。具体做法,父母可以参考以下几点。

让孩子体验成功

父母可以让孩子自己解决一些简单的问题,当孩子成功后,及时肯定他:"你做得真好,那一个步骤你是怎么想到的……"让孩子充分体验收获感、成就感。对于孩子取得的成果,父母要保管好,不能随意丢弃。父母可以偶尔和孩子回顾这次经历,鼓励孩子。

不只和优秀的孩子玩

基于"近朱者赤、近墨者黑"的理论,父母总是喜欢让自己的孩子多和成绩优秀的孩子交往,尽量远离那些学习不好的孩子。实际上,只接触比自己强的孩子,会让孩子产生自我怀疑,感到挫败,意志消沉。父母可以创造机会,让孩子接触不同类型的孩子,和他们交朋友。让孩子认识到:有比自己优秀的孩子,也有在某方面不如自己的孩子,以防孩子产生落差,损害胜任感。

肯定孩子努力的方法

无论是否取得好的结果,父母都可以通过肯定孩子努力做事的方法鼓励孩子。相对于只夸结果,对方法的肯定可以让孩子产生"我有能力做好"的自信。

陈毅元帅小时候,有一次,他一边烧火做饭一边看书,结果把饭做煳了。妈妈气得要打他，正好毛老师来家访，连忙劝阻。然后，毛老师接过小陈毅手里的书一看，原来是一篇还没有教的课文，他已经用笔在上面画了许多圈圈点点。

毛老师惊奇地问："这些符号是什么意思？"

陈毅答："打圈圈的，是懂得的；打半圈圈的，是不太明白的，等老师讲明白了，再打圈圈；打墨点的是生字。"

原来陈毅每次听课前，总要把新的课文预习一下，把生字和不懂的词句画出来。听课时，格外留心自己不懂的地方。

毛老师十分高兴地称赞道："真是一个好的学习方法。今天我总算发现了你学习成绩好的'秘诀'。别人夸是'小神童'，说你天资聪明，我觉得更重要的是你勤奋，学习讲方法。"

好的方法是成功的一半。即便孩子使用的方法并不完美，也应该肯定那些值得肯定的部分，帮他建立自信。

孩子觉得自己能够胜任，是自信也是动力。成功和进步是培养胜任感的养料，但父母的爱和耐心才是推动孩子勇敢向前的根本。

4. 不提前透支孩子的学习热情

在校外学科类辅导班叫停之前，有几个孩子不曾在辅导班上过课呢？很多孩子前脚出校门，后脚就进补习班，放学后、周末、寒暑假的时间几乎全部都花在了补课上。学习本是一件愉快的事情，但过多的补习却提前透支了孩子的学习热情。

琪琪的学习成绩一向名列前茅，但学校老师却向妈妈反映，琪琪上课经常走神，不积极回答老师的问题。琪琪说，上课的内容反正补习班也会教，不如趁机休息一下。

辅导班的课程多以提前学和拓深学为主，提前学会让孩子因为学过了，而失去再听的兴趣。拓深学是对课堂知识的补充和提升，如果孩子连课堂上的知识都没学明白，在基础知识还不牢固的情况下，再开小灶学习更多的知识，根本不可能有效学习。

有父母说，现在好了，学科类补习班没有了，孩子学习的热情应该没问题了吧。事实上，虽然学科类辅导班被取消，但很多父母对补习的热情并没有缩减，反而更加恐慌、焦虑。因为中考、高考并没有改变，如果不学那岂不是等于举手投降了？自己的孩子又不是天才，就算是天才，也需要日积月累的学习啊。

有政策就有对策，于是，一些父母开始亲自上阵辅导孩子。父母总是想方设法往孩子脑子里塞东西，塞得越多，越安心，越骄傲。他们却忽略了一个事实，当这些东西都是孩子被动接收的，他们没有学习的热情，学习的效果又如何保证呢？

小学就那点知识，硬塞也是能塞进去的，但到了初中、高中、大学，恐怕父母就没办法硬塞了。所以，不要那么早就给孩子压一个很重的担子，压得孩子喘不过气，开始厌学。对于孩子来说，学习好的关键不是补课，而提高他们学习的自主性，让孩子愿意学，真真切切地学进去。很多兴趣班都需要耗费孩子的能量和热情,尤其是孩子不喜欢的那些班,他们带着排斥去上课,更加耗费精力。当这些兴趣班挤压掉了孩子自由玩耍的时间,孩子自然会在学校里、课堂上找补回来,比如在课堂上捣乱,不认真听讲等。

让孩子失去学习热情的是父母的强迫。

我们从大脑科学的角度来分析这种情况。大脑可以简单地分为感性脑和理性脑。所谓感性脑,是大脑根据生活经验总结出来的反应套路,不需要费多少脑细胞而做出的反应。所谓理性脑,则需要异常专注,比较耗费脑细胞。为了节能,大脑能选择感性脑就绝不启用理性脑。当父母按着孩子的头,逼迫他去学习,大脑就会选择感性脑。这样即便孩子表面上是在学习,也是学而不思,甚至根本没有学进去,事倍功半。

学习的主动性是逼不出来的。那么,如何才能激发孩子学习的热情呢?

从喜爱的科目开始

有的家长在安排孩子做作业时,总是从他不喜欢的科目开始,家长认为这样就可以确保作业的质量。实则不然,这样只会让孩子更加排斥,拖拖拉拉。最好先让孩子做他喜欢的科目作业,对于喜欢的科目,做起来自然得心应手,效率也高,往往三两下就能完成。如果说孩子没有特别喜欢的科目,那就从容易的入手。做起来容易,就容易喜欢。等孩子做完这些作业后,乘着顺利的余势,再让孩子转入不拿手或者比较难的科目。

记录每天学到的东西

如果一个人每天都浑浑噩噩地过,没有一点收获,很容易让人颓废。而收获是喜悦的,就像秋天采摘成熟的果实,给人强烈的满足感。父母可以让孩子每天记录自己学到的东西,不只限于知识,他们看到的、体验到的、领悟到的任何事物都可以。记录的越多,就越有成就感,孩子学习的热情就越高涨。

鼓励思考

孩子天生有强烈的好奇心,所以大脑是喜欢思考的。如果通过思考发现并解决了一个问题,这个过程给人的感觉是愉悦的。比如,找到方法做对了一道数学题,通过查询历史资料弄懂了某个诗人写作时的心情,或者是给自己设计了一个简单实用的书架等,这些都能让孩子内心充满成就感,从而大大增强他们学习的积极性。

关于这一点在科学上已经得到了验证,科学家证明大脑的思考系统和奖赏系统是有明确关联的。而奖赏系统会分泌多巴胺,让人感到快乐满足。也就是说,大脑在思考的过程中,会分泌让人快乐的多巴胺。

所以,父母可以提出一些难度适当的问题,鼓励孩子思考。因为如果问题太简单,大脑根本就不开始思考了。如果问题太难,思考不出结果,大脑就又会放弃这个事情。所谓难度适当的问题,就是这个年龄段的孩子通过思考可以解决的问题。

提前透支孩子的学习热情,会让孩子在终生学习的赛道上疲乏无力，后劲全无。如果能帮助孩子建立一个循环模式：思考—解决问题—大脑分泌多巴胺—爱上思考，孩子就会爱上学习，愿意学习，拥有越来越高的学习欲望。

5. 不以学习为借口，剥夺孩子的兴趣

每个人都有属于自己的兴趣爱好，可以是看书、画画、下棋、钓鱼，也可以是弹琴、跳舞、打游戏、追剧。父母虽然知道兴趣爱好是枯燥生活的调味剂，但在孩子的学习面前，不管是什么兴趣爱好，通通都要让步。

在节目《少年说》中，一个女孩因为成绩下降，被妈妈停掉了坚持7年的拉丁舞课。女孩告诉妈妈，拉丁舞是她的梦想，妈妈表示女儿的学习更重要。女儿问，"万一你反悔了呢？"妈妈说，"我不会反悔的，只要你考进年级前100名。"

当父母为了学习而禁止孩子的兴趣时，就是把学习和兴趣放在对立的两边，这种做法很容易刺激孩子抵触学习。其实，二者并不冲突。人们学习是为了获取知识，为以后有更好的人生打基础，而兴趣有时也会成为孩子未来的一条出路。比如，喜欢看动漫的孩子会憧憬成为插画师、声优、制作人等等，喜欢打游戏的孩子将来可以研发游戏。

适度的兴趣爱好能让孩子放松下来，更有动力去学习。左脑负责逻辑思考，右脑负责处理声音图形、协调身体等。如果孩子

有美术、乐器、体育运动相关的兴趣爱好,就可以在锻炼右脑的同时放松左脑。比如艺术特长生学习器乐、舞蹈、书画等,还可以在中高考中多一个选择机会。

即使是"没什么用处"的兴趣,也能让孩子感到快乐,结交有共同爱好的人。同时,兴趣爱好能够促进孩子做出积极的自我评价,变得乐观积极、缓解压力。学习不是剥夺兴趣的借口,但父母会担心兴趣班的学习会占据主课的学习时间。其实父母的这种担心是没必要的,只要合理安排分配时间就可以解决。最重要的是父母对孩子兴趣的支持,就是给孩子最好的信任和爱,是孩子学习动力的源泉。

在2016年,华东理工大学研究员应佚伦获得了"世界最具潜力女科学家奖"。面对记者的采访,她说最感谢的人就是父母。因为父母一直理解并支持她"离谱"的想法和做法。有一次,应佚伦想要研究猪笼草,父母便跑遍全城替她寻找。应佚伦认为,父母的支持让她的兴趣得以坚持,这也帮助她走向了科研之路。

爱因斯坦说:"兴趣是最好的老师。"孩子在做感兴趣的事情时会更积极也更专注,如果再加上父母的引导,兴趣可能会助力孩子未来的人生,帮助他在某一领域取得成就。人生的每个阶段都有不同的任务,作为学生的首要任务自然是学习,但这也并不意味着兴趣和学习是对立的关系。父母可以鼓励孩子发展兴趣,同时也要让孩子明白,很多兴趣的进一步发展,都要依赖文化课的成绩。

就算孩子因为兴趣而影响了学习成绩,也要避免武断地切断孩子的兴趣,这样不仅不能把孩子拉到学习上,反而会把孩子推得更远。那么,父母要如何把握学习和兴趣之间的度,教孩子发挥兴趣的积极作用呢?

把爱好和学习挂钩

当你拿一根胡萝卜来引诱一只小兔子,它就会被你的胡萝卜调动。孩子的兴趣就像这根胡萝卜,你可以利用它去引诱孩子努力学习。比如,孩子喜欢乐高,你可以说:"等你把作业写完,妈妈就带你去玩乐高。"如果孩子非常喜欢乐高,他就会乐颠颠地先去写作业。

不过,这一招对高年级的孩子就不太管用了。如果孩子大了,父母就要结合他的兴趣,制定相关的学习目标。比如孩子非常喜欢漫画,那就鼓励孩子去考美术学院。总之,让孩子把兴趣和学习挂钩,一举两得。

对孩子进行专业培养

如果孩子有文艺类、体育类、学科类的兴趣爱好,父母最好给孩子报一个兴趣班,或者请专业老师辅导。因为一个人独自摸索的难度较大,容易打击到他们的自信心,从而选择放弃。通过专业的培养能够让孩子系统而深入地学习相关知识,能力得以提升。父母可以提前和孩子说明白,一旦报班就必须要把课程学完,不能中途放弃。以便让孩子慎重选择兴趣爱好,避免"三分钟热度"式的学习。孩子的生活不能只剩下学习,兴趣可以让他的人生多一些趣味和可能。让孩子活出自我，成为自己想成为的人。

6.对孩子没兴趣又没天赋的事，不强求

父母给孩子报兴趣班时都会考虑哪些因素？兴趣？天赋？还是自己的想当然？其实，培养孩子某一方面的才能，天赋和兴趣缺一不可。孩子既没兴趣又没天赋的事，父母大可不必强求。

莉莉妈妈一直很羡慕可以学小提琴的女孩子，所以在莉莉3岁多时就让她学习小提琴。但是，莉莉对小提琴毫无兴趣，学了好几年，也只能弹奏最简单的曲目。

莉莉爸爸对妈妈说："女儿其他方面也不差，但唯独五音不全，没有节奏感，不如放弃小提琴，让她去学自己感兴趣的东西吧。"莉莉妈妈却以勤能补拙为由，不肯轻易放弃，甚至强制要求莉莉每天练习3小时。于是，每到练琴时，家里就响起莉莉的哭声和妈妈的吼叫声。

关于做事的动机，美国心理学家提出了"自我决定理论"，从心理需求角度来说，想让一个人坚持做一件事，就必须拥有两种感觉：自主感和胜任感。

当父母把自己的意愿加在孩子身上，孩子就没有了自主感，自然也就没兴趣。再加上孩子在这件事上没有天赋，所以他怎么勤奋都不能有长进，这样孩子又会失去胜任感。孩子如果没有自

主感和胜任感，再加上因为做得不好，遭到父母的唠叨、斥责、逼迫，他们会更加委屈、消极。

有父母说，如果孩子学什么都只学一点，就嫌苦嫌累不喜欢，吵吵着放弃，难道就由着他们去？我们不否定坚持的意义，但坚持并非是不撞南墙不回头。对于那些明知不适合的目标，一个人的坚持只会造成更多的损失。坚持是态度，放弃是智慧。放弃不合适的，才能为孩子坚持值得的事情保留下热情和精力。

孩子可以培养的兴趣有很多，何必执着于孩子不喜欢又学不好的那一个？这样不仅挥霍掉了时间和精力，也会让孩子错失自己真正有天赋的项目。家长们与其每天和孩子较劲，不如让孩子把时间和精力花在喜欢的项目上。就算他在这方面天资平平，但有热爱，经过勤奋刻苦的练习，结果也不会太差。有时候，父母要放下内心的执念，顺应孩子的天性，让他成为自己该有的样子，这才是教育的终极目的。

有一种现象被人们称作"瓦拉赫效应"。德国化学家瓦拉赫在1910年获得诺贝尔奖，但这位大名鼎鼎的科学家曾一度被老师评价为"不可造就之才"。读中学时，父母希望他学习文学，但老师认为他的文字刻板拘泥，将来不可能有所成就。接着，父母安排他学习油画，但因为没有天赋，他总是班上的倒数第一，最后被老师劝退。所有人都觉得瓦拉赫将来不会有什么建树了，但化学老师认为他性格严谨、一丝不苟，很适合学习化学。果然，瓦拉赫学化学后，天赋异禀，远超他人，最终获得了诺贝尔奖。

"瓦拉赫效应"证明了每个孩子都有独特的天赋，父母只要善于挖掘，孩子终会闪闪发光。李玫瑾教授说："孩子的天赋有赖于父母的挖掘，因为孩子很难找到自己的天赋所在。"有天赋不意味着在某一领域表现突出，它可能只表现为孩子反应快、做事更认真等。只要父母善于发现孩子的特点，并针对这些特点引导孩子，让他做出相关的尝试，就有可能挖掘出孩子的天赋。

成功是一个结果，它受到天赋、兴趣、运气、环境等因素的影响。即便一个孩子没有特殊的天赋，也会有自己擅长的喜欢的事情。家长们应该顺应孩子的天性去培养，才能给孩子更多自信和勇气。

允许孩子放弃

对孩子没兴趣又没天赋的事，父母要允许孩子放弃。但父母担心，如果孩子这个学一点，那个学一点，遇到困难就放弃，会不会让孩子越来越没有坚持的毅力。

其实，这是对锻炼毅力的一个误解。毅力不是靠挫折锻炼出来的，它靠的是自由探索的环境。对于多数孩子来说，他们必须经过不断的尝试，才能最终确定自己喜欢什么，也才愿意坚持下去，这才是正常的成长规律。

更何况，如果孩子已经非常排斥，那么坚持无论对孩子还是父母都是一件痛苦的事。如果孩子的坚持都要依赖父母的督促、批评，甚至打骂来完成。那么这样就算能让孩子掌握了这个技能,但他也会在能够选择的时候,永远放弃。

有一个网友说,自己从小被父母逼着学钢琴,每天练习,考到了8级。但长大后,他再也没有碰过一次钢琴,他受够了练琴的日子,他对钢琴厌恶至极。所以,这样的坚持又有什么意义?

这个世界上大多数的孩子最终可能都会成为普通人,既然要做普通人,为什么不能成为一个做着自己喜欢事情的普通人呢?这样就算不能达到金字塔的顶端,但也能从热爱中获得满足感,从做得越来越好中获得胜任感,而这恰恰是内驱力的来源。

孩子毕竟不是真的树,不可能父母简单地挥挥剪刀就决定他未来的形状。但父母可以给孩子营养,让孩子长成自己该有的样子。

7. 沉住气,不羡慕因抢跑而熠熠生辉的孩子

"赢在起跑线上。"这句宣传语勾起了无数父母的焦虑情绪。当周围的孩子都开始接受"提前教育"时,当听到孩子羡慕同学、怀疑自己不如他人聪明时,再淡定理智的父母也会坐不住了。但越是这种情况,父母越要沉住气,不羡慕因抢跑而熠熠生辉的孩子。

网上有一个热门问题"孩子两岁半就是不爱开口说英语,该怎么办?"网友在评论区纷纷表达惊讶和焦虑"人家两岁半学英语,我们这边孩子上小学三年级才开始学英语。"父母的焦虑正

是从对比中得出来的,如果班上有三分之一的孩子接受了超前教育,那自己的孩子就很有可能成为中等偏下的学生。如果班上五分之四的学生数学成绩都能达到90分以上,那么即使自己的孩子考了八十多分,也是中等偏下的水平了。

这是父母拼命带孩子抢跑,害怕孩子输在起跑线的根源。但是,相对于父母不抢跑所带来的压力,抢跑带来的危害更大更深。

孩子抢跑是可以暂时超过同龄人,从中获得一定的成就感,但这也会助长骄傲情绪。而且,抢跑等于在一年级前,就已经掌握了三年级的知识。这就意味着,在课堂上听到的都是学过的旧知识,因为学过,所以孩子容易走神,或者干脆不听。

如果孩子因为提前学会了,所以上课不认真听讲,没有养成专注听课的习惯。那么他的学习成绩很可能会下降,进而失去学习兴趣。美国儿童心理学家格赛尔通过实验证明了,孩子的学习进度取决于生理发育程度,长期来看提前教育没有什么效果。

社会学认为:"人为干预可以在短时间内提高智商,但如果不能持续干预,孩子的智商就会再降下来。"

孩子的知识、技能、学习能力都只能后天习得,因为这些和孩子的发育情况息息相关。孩子年龄太小,就很难学会有难度的东西。但孩子长大后,学习能力提高,学习也会变得容易很多。

学习不是三两天短跑,甚至不是数年的中长跑,而是持续终生的马拉松。父母要做的不应该是教孩子抢跑,而是让孩子的步伐更有力量。现在很多教育理论都提倡教孩子"学会学习",即激发学习兴趣，养成学习习惯，提高学习能力，拥有"终生学习"的意识。这才是真正的"抢跑"，父母要顺应孩子的发展特点，鼓励孩子提高动手能力，亲身感知知识，引导孩子建立学习的自信心和主动性。那么，在不抢跑的前提下，父母究竟要怎样做才能让孩子"学会学习"，做到厚积薄发呢？

制订具体的学习计划表

父母可以根据孩子的具体情况，给孩子制订学习计划表。父母可以提前和孩子沟通，最近孩子想要学习什么，可以是才艺，可以是学科知识，也可以是某种技能。父母可以把表格划分两个模块，一部分是保证孩子跟上学校进度的基础任务，另一部分就是学习其他知识的拓展任务。父母可以在几周或者一个月的时间内，引导孩子完成基础任务，比如考试成绩达到多少分，每天做多少练习题等。父母也要引导孩子选择完成拓展任务，可以是每周练习乐器几小时，也可以给爸爸妈妈演奏一曲等等。

基础任务必须要完成，拓展任务由孩子选择完成。等到了规定时间，父母可以盘点任务完成的情况，给孩子适当的表扬和奖励，培养孩子自信心和学习兴趣。父母可以告诉孩子，不必在意其他人如何，我们有自己的计划，你能做到就已经很优秀了。

在游戏中学习

香港歌手陈美龄培养出3个斯坦福高才生，她非常注重在游戏中培养孩子的学习能力。比如，在学习拼音识字时，她就自创、搜集了很多小游戏。她在字下面写上小小的拼音，贴到远处，让孩子看字读拼音。读不出来时，就让孩子去看答案。看后，她会对孩子说："这是你用身体记住的，不是我教你的。"她还常和孩子玩"找字"游戏，全家人一起比赛，看谁在报纸上圈出的"的"字最多。

陈美龄说她永远记得，在游戏中，孩子在靠自己学到新东西时，眼中闪耀出的光芒。当孩子体验到"自主学习"的乐趣，自然会爱上学习，进而更加愿意去主动学习。父母养育孩子就是要学会等待，学会接纳不完美的自己和孩子。沉住气，才能保证孩子在未来熠熠生辉。

8. 自我价值感越高，孩子越自信

"爸爸妈妈觉得你好""老师同学喜欢你"，这些鼓励、表扬终究只是外界评价。如果单靠这些来确立自我价值，那么一旦外部的声音有所变化，孩子难免会情绪波动，怀疑自我。父母要帮孩子从内心里肯定自己，找到自我价值，建立自信。

自我价值感就是对自己的看法。当自我价值为零的时候，人会感受不到活着的意义，觉得生命没有价值，会生出自杀的念头。当自我价值感升到30%，人会很自卑，觉得自己没用，什么都做不好。当自我价值感上升到50%，人们内心的自卑会促使他常常处于防御状态，比如别人在小声谈论，他会怀疑谈论的是自己。当自我价值上升到80%，人们的胜负欲被激发，对于别人的批评也能接受。当上升到90%，人们就会产生强烈的胜负欲，他会自觉控制和克制自己，并不断努力完善自己，且乐此不疲。

对于孩子来说，帮他找到自我价值感，就等于帮他找到了做事的内在动力。但在生活中，父母的很多行为却在无意中影响了孩子对自身的价值判断。比如，琪琪刚学会讲故事，便兴冲冲地给爸爸妈妈展示。他磕磕绊绊、颠三倒四地讲完后，一边鼓掌，一边问爸爸妈妈："我讲得好不好？"爸爸说："哪里好了？讲得我们都没听懂，还自己给自己鼓掌，羞羞脸。"琪琪的笑脸立刻消失，他没有再说话。

孩子给自己鼓掌就是在肯定自我价值，但父母的否定和打击，毁掉了孩子的价值感。有研究表明，0到6岁是帮孩子找到自我价值的最佳时期。找到自我价值是一切自主型发展的基础，直接关系着自律性的养成。

只有当孩子找到自我价值后，他才会拥有源源不断的自信和勇气，坚定地去做自己认为对的事情，创造更多价值。孩子的自律、坚强、乐观，都是自我价值感高所体现出来的特质。教育的重点，就是帮孩子提升自我价值。

那么，父母可以通过哪些行为引导孩子发现自我价值呢？

把批评转为正面教育

很多父母习惯于孩子有进步和做好事的时候就夸奖他，一旦孩子犯错、退步时，父母就变得冷漠，露出失望的表情，他们甚至严厉地批评孩子。这种行为很容易导致孩子把"行为"和"自身价值"画等号，一犯错就自我怀疑，自我贬低。

因此，父母在指出孩子不足指出的同时不要忘记，每一件都有两个或多个面，即使孩子犯错，换个角度看也必然有可取之处。

军军因为在课堂上拿出一条蜥蜴玩，把女同学吓得哇哇叫，班主任把他的妈妈叫到了学校。班主任说，军军上课爱捣乱，贪玩，还捉弄女同学，学习成绩不好，希望家长配合管教。

妈妈把军军领回家，没有批评他，而是心平气和地和他进行了一次对话：

妈妈："你不怕蜥蜴咬你？"

军军："蜥蜴不咬人，也没有毒。"

妈妈："你怎么知道的？"

军军："书上说的啊。"

妈妈："你什么时候抓的？"

军军："一星期了！"

妈妈："这么长时间，你喂它吃什么？"

军军："我什么也没有喂，书上说，如果它饿急了，就会咬掉自己的尾巴。我想试试看，是不是真的，不过到现在它的尾巴还好好的。"

妈妈拍拍军军的肩膀，鼓励他继续观察下去，并指导他做好记录，最后叮嘱他不要带到学校，会影响课堂纪律。军军点头答应。

两个星期后，军军兴奋地说："蜥蜴尾巴没了！"

后来，学校举办科技发明小论文，军军把蜥蜴的实验报告整理后交上去，荣获二等奖。再后来，他被同学推选为科技活动小组长，考进了重点中学。

父母一味强化负面影响只会打击孩子，让孩子失去安全感和自信心。把批评变成正面鼓励，则可以让孩子积极地改正错误，并且有动力去提升和完善自己。

教孩子正确客观地认识自己

除了父母给的负面评价，孩子还会收到来自于同学或者他人的负面评价。比如被起外号，被侮辱、嘲笑等。对于这些轻率而不负责任的评价，父母无法控制，但要教孩子正确客观地认识自己，不要受那些评价影响。比如，孩子被叫作"肥猪"，父母就可以问："爸爸妈妈觉得他们说得不对，你明明就不是小猪，你觉得自己是吗？"当孩子回答不是的时候，父母就可以引导孩子说出反驳的理由，进一步加强他的认知。如果是攻击孩子的行为，比如，孩子不想分享就会被说小气等，父母就要引导他多关注自己的感受，告诉孩子只要没有犯错，那选择做让自己舒适的事情是没有错的。孩子完全不需要自责，也不需要事事都在乎别人的看法。

挖掘孩子的优势

毫无疑问，每个孩子都有自己的优势，只不过有的明显，有的不明显。对于那些不够自信的孩子，父母要善于发现孩子的优势,让孩子看到并肯定自我。父母可以从性格、爱好等方面进行寻找,比如擅长某种运动、某种文艺特长,包括喜欢做菜,做手工活,说话有条理,想象力丰富等都属于闪光点。当孩子觉得自己身上也有不少优点,就会平添一份自信。

　　成功的教育不仅要让孩子在生活上独立,还要让他在精神上自信、有主见,这样他们才能成长为主动去掌控自己的命运。

第三章

建立边界,赋予孩子主动奔跑的能力

1. 父母经常越界,孩子懒惰被动

俄罗斯作家尤里·邦达列夫说:"人类的所有痛苦都是因为缺乏界限感。"所谓界限感,就是不随意介入他人的生活,不随便干预他人的行为,懂得适可而止。很多父母不理解为什么和孩子之间还要保持界限感,他们觉得孩子是自己的一部分,自己和孩子就应该亲密无间。

研究证明,婴儿意识混沌,没有界限感。但孩子长到1岁,他就会逐渐意识到自己和外界是不同的。如果父母频繁干预孩子的行为,就会让他认为父母和自己是一体的,界限感慢慢丧失,进而懒得去锻炼一些必备的能力。

父母的越界表现在,对于那些孩子有能力解决的问题,父母仍然不愿意放手。比如,代替孩子社交,替孩子处理学校的事情,自作主张帮孩子做决定……亲子间的界限很难定义,有的父母是控制欲过强,而有的父母则是意识不到自己和孩子之间的"不分你我"是错误的。

心理学家克劳德和唐森博士在《心理疆界》中分享了这样一个故事:一对父母找专家咨询他们儿子的问题,专家有些奇怪:

"那你们的儿子在哪里？"父母回答："他不想来，他觉得自己没问题。"父母告诉专家，他们从小就没有让孩子吃过苦，孩子上大学的时候，他们给孩子很多钱，让他不用像别的孩子那样需要勤工俭学才能完成学业。但孩子的学习成绩很差，甚至被学校劝退了，后来他好不容易找到工作也被辞退了，现在待在家里什么也不干。

专家说："孩子说的没错，他没什么问题，有问题的是你们。"这对父母懵了。专家说："他的账单你们替他付，他的前程你们替他考虑，他的一切需求你们都满足了。你们焦头烂额，他却随心所欲很快乐。他的问题变成了你们的问题，那他自然就没问题了。"

如果父母和孩子间没有界限，父母随意干涉孩子的人生计划，从穿衣吃饭到工作结婚、生育社交。父母看似一直在操心付出，孩子则被剥夺自由。久而久之，孩子就会失去主动性和积极性，失去做事的热情，最后只剩下依靠父母这一个选择。

在某个相亲节目中，有一位男嘉宾的口头禅就是"我妈妈说……"，比如"我妈妈说女生穿的裙子不能太短。""我妈说，青菜要多洗几遍才行。"有女生说他是"妈宝男"，他还击说："从小我的事情就是妈妈做主，难道我长大了就可以不听妈妈的话了吗？"

那些独立主动的人，都是在自主的行为中尝试、学习、总结失败中成长起来的。与此同时，亲子之间的界限也逐渐形成，让"你的""我的"逐渐从"你和我的"中分离出来，并且逐渐清晰。

有了界限感，孩子才会一改往常的满不在乎、反正有父母兜底的想法，开始重视起属于自己的事，愿意去思考评估风险，做出令自己满意的决定。他们也会主动去提高自己某方面的能力，以避免把事情搞砸。

父母能给孩子最好的帮助，就是控制想要代替的欲望，只在他遇到困难的时候给予引导和鼓励，激发他的内在力量。通常，父母可以采用以下方法来和孩子保持界限感，让孩子爱上劳动和学习。

用协议来和孩子"划清界限"

父母要和孩子讲清楚哪些事情是他的责任。比如，做一些力所能及的家务、做作业、收拾自己的物品等。父母可以和孩子达成协议，比如，每周需要做几次家务，每天写作业可以向爸爸妈妈求助几次，每天几点自觉上床睡觉，每天自己洗袜子，等等。父母要提前和孩子商量好，可以设定一些奖励。

在协议中，父母要划分清楚自己和孩子需要做些什么，双方可以互相监督。父母也可以告诉孩子，他们可以有一些行为来换取爸爸妈妈的帮助，比如，给爸爸妈妈按摩可以换来让妈妈爸爸叫你起床一次等。这样既和孩子"划清界限"，也能拉近彼此间的关系。

用示弱来和孩子保持界限感

父母要学会适当示弱，比如，"爸爸妈妈今天好累，你可以自己写作业吗？""我不知道你的东西该收到哪里，你能自己收拾吗？""哎呀，杯子只认你这一个主人，不让我碰，你可以自己接水吗？"父母可以暗示孩子，他的东西只有他自己才能搞定，父母帮不了他。如果孩子不愿意自己做事情，拖拖拉拉，父母可以适当"做错"一两件事，给孩子制造一些小麻烦，让他自己解决。

在孩子做一些枯燥的事情时，父母可以陪在孩子身边，偶尔和孩子讲一两句话，或者给孩子讲个小故事，帮助孩子度过枯燥难熬的时间。父母也可以多让孩子做一些他感兴趣的活动，比如有的孩子喜欢叠被子，有的孩子喜欢做做数学题，有的孩子喜欢踢球，等等。当孩子习惯做这些事后，父母再逐步让孩子做其他事情。

任何关系都有不能超越的界限，父母和孩子保持界限感，才能维持良好的亲子关系，支持孩子更好地长大。

2. 与孩子进行权力之争，输的一定是父母

父母和孩子发生争吵、爆发矛盾，紧接着就是一场权力之争。在权力之争中，似乎谁先屈服谁便输了，但其实不管谁先低头，输家永远都是父母。

妈妈告诉莉莉："自己的袜子要自己洗，你今天就先试一试。"莉莉不肯去，妈妈便说："你一点也不懂事，我一定要把这件事告诉你老师。"莉莉被吓住了，磨磨蹭蹭地开始洗袜子。搓了一会，她把袜子扔到水里，说："我洗完了。"妈妈的火气一下就上来了：

"还没洗干净,继续洗。"莉莉不理妈妈,妈妈便把莉莉按在小板凳上坐下,说:"你洗不洗,不洗你今晚就一直待在这里吧。"莉莉不甘示弱,一脚把小水盆踹翻。妈妈一气之下对着莉莉的屁股打了两下,莉莉顿时哭号着跑回房间。

父母都习惯向孩子下达命令,却很少去解释原因。孩子不了解原因,就会觉得父母是在指使自己做事,没有考虑自己的感受,就会不配合。父母发现孩子磨磨蹭蹭,又会加码命令的语气,甚至动粗。父母的态度进一步激化了孩子的反抗意识,他们会想尽一切方法去和父母对着干。而父母看到只是孩子冥顽不灵,觉得自身的权威受到挑衅,教育失败了,于是进一步使用暴力手段和强权胁迫孩子听话。

权利之争爆发,双方谁也不愿意退让,但最后妥协的往往还是父母。比如,父母说不写完作业不许睡觉,难道真的不让孩子睡觉?比如父母你惩罚孩子站到门口反思,但孩子如果不开口认错,父母能让他一直在门口站着?一旦孩子意识到最后妥协的还是父母,下次就会变本加厉地反抗,而不是听话。

美国儿童心理学家鲁道夫·德雷克斯在《孩子:挑战》中提到,父母想要和孩子争夺权利这件事本身就是错误的。而当孩子开始反抗父母时,父母的权威便消减了。权利之争互助发展成习惯。而孩子也会学会更多迫使父母屈服的方法,把权利等同于自己的价值。

所以,父母要跳出权力之争,避免出现控制、强迫孩子做事的想法。尊重和理解才是沟通的前提，父母不妨与孩子合作，彼此理解、互相帮助，一起解决问题。那么，父母具体可以做些什么呢？

审视自己的行为和情绪

父母可以回忆一下和孩子的相处模式，是不是过于强权。比如，不听孩子的话，只相信自己，自己决定一切，不允许孩子质疑自己的命令，喜欢给孩子施加压力。孩子听话就有奖励，不听话就惩罚……父母不妨多听听孩子的意见，让孩子自己做主，用适当的引导和激励代替高压控制。

当和孩子发生冲突时，父母也要审视自己的情绪，是否越来越生气，一定要打压孩子的行为，一定要让孩子忏悔，是否满腔都是"我这是为他好"不去思考孩子的行为会影响自己，这样父母也多半陷入了权利之争。所以，父母要先让自己平静下来，再和孩子进行有效沟通。

用选择代替命令

杰弗里·伯恩斯坦在《叛逆不是孩子的错》提到，父母不想和孩子争权，可以给孩子选择权。父母可以给孩子有限的选择，并告诉他每种选择会带来什么样的后果，一旦做出选择就要自己承担后果。父母要平和理智地分析，让孩子自己思考、自己选择。必要的时候，父母也可以提供适当的帮助。

让孩子承担后果，亲身体会自己的行为意味着什么。比如，孩子不肯洗自己的碗，父母就不要管这只碗，下次吃饭时，孩子就会发现没有碗吃饭,非常不方便。

耐心询问孩子原因

当孩子不合作的时候,父母可以先解释原因,再询问孩子为什么不合作。孩子可能不愿意立刻说出原因,父母可以先暂缓这件事,事后和孩子聊一聊。父母要耐心地引导孩子说出真心话,尊重孩子的想法,尽量帮助孩子解决问题,而不是说服孩子接受安排。

权力之争不该出现在亲子之间,父母和孩子唯有互相尊重、互相理解、互相支持才能构建一段健康的关系。

3. 让孩子为自己的错误行为负责

孩子犯了错,父母总是习惯性地冲到前面,把孩子护在身后。作为监护人,父母自然应该对孩子的错误承担责任,但这并不意味着让孩子对自己的责任一无所知。必须让孩子学着为自己的错误负责,才能让他成为一个有责任、有担当的人。

让孩子承担过失的责任,看起来也许有点不近人情,却能培养孩子的责任心和担当力。但父母往往舍不得让孩子稚嫩的肩膀去承担责任,我们经常能看到,自己的孩子打了别人,父母不让孩子去道歉,而是自己冲过去给对方的父母说对不起。这样的处理方式看似在保护孩子,却不利于培养孩子的责任心。试想,你在一边给对方赔着笑脸,说着好话,孩子倒无事一般,连一点内疚都没有,又怎么会对自己的错误有正确的认识呢?

孩子犯了错，父母要弄清楚是谁该承担责任。责任边界隔开父母和孩子，让孩子可以知道自己的边界在哪里，也知道父母的边界在哪里。一个明确的责任边界，让孩子在属于自己的责任上，不逃避、不推卸，也不会迁怒于他人，承担自己该承担的。

小华正在写作业，突然，他抬起头说："妈妈，我不想写作业了。"妈妈一愣，她没有说你不写作业想干吗？而是问："如果不写，老师也不会怎么样吧？"小华说："会罚站。"妈妈说："好像罚站的滋味也不怎么好。"小华说那当然，又低头接着写去了。

心理学家皮亚杰认为责任心取决于儿童时期对行为的定义。所以，父母要利用好儿童和青少年阶段，引导孩子建立清晰的责任边界，由内而外地约束自己的行为。

那么，父母怎样做才能和孩子划清责任边界，让孩子有担当呢？

列出并解释责任清单

父母可以给孩子列一张责任清单，写明哪些是他自己的责任。比如，认真学习、收纳物品、好好吃饭、按时上学、自己洗碗、选择兴趣班、交朋友、遵守社会规则、尊重长辈和老师，等等。

父母可以和孩子解释清楚为什么这是他的责任。比如，为什么要按时上学，因为在学校才能学到很多知识，学校有自己规则和时间安排，学生遵守规则才不会影响他人。让孩子理解责任背后代表着什么，他才能明确地划清责任边界。这样孩子遇到事情，就会马上分析这是不是自己的责任，该如何做。

教会孩子承担"自己"的责任

有一部美剧讲述了这样一个故事:爸爸为从火场救出女儿的爱犬窒息而死,两个未成年的哥哥为了保护母亲和妹妹,决定辍学打工。而妹妹觉得是自己害死了父亲,非常内疚。但妈妈对哥哥们说,你们的责任是好好读书和社交,赚钱养家是妈妈的事。她还对妹妹说,爸爸是因为自己的选择而死掉的,这不是你的责任。

父母承担责任就是在保护自己、保护孩子。孩子乐于向父母学习,遵守规则、赡养父母、不逃避家务……父母的行为就是孩子的示范。父母在承担责任时,可以这样和孩子说,"爸爸妈妈打扫了自己的房间,你也要记得打扫自己的房间。"尽量不要说:"要帮忙做家务,把你的房间打扫干净。"父母要经常夸赞孩子负责任的表现,强化行为,激发其责任感。

责任边界不是一堵隔绝的墙,而是一个保护所有人的屏障。父母和孩子划清责任边界,孩子才会努力改正自己的行为,并愿意为自己的生活负责。

4.学会"拒绝"孩子的求助

孩子遇到问题,向父母求助,父母当然不会吝惜帮助,乐意帮孩子解决问题。但如果父母过于有求必应,孩子就会习惯依赖父母,而失去了自己主动解决的意愿。

孩子具有旺盛的好奇心，与之相对的却是匮乏的知识储备和行动能力。为了能够快速获得答案，直接向父母寻求答案成了最便利的方法。而孩子眼中的难题，在父母看来往往毫无难度。于是，很多父母感到费解、急躁，甚至一些父母会代入孩子的感受，心疼他，忍不住帮他搞定一切。还有些父母觉得经验是值得分享给孩子，便习惯于提前告诉他该如何做。久而久之，即使是能够自己解决的问题，孩子也会下意识求助父母，懒于思考，因为父母永远会给出"正确答案"。

相反，如果父母拒绝给孩子现成答案，孩子就得靠自己想办法去解决问题。如果获得成功，孩子就能从中获得满足感和成就感，逐渐养成积极主动解决问题的习惯。

日本作家茂木草芥小时候，很喜欢一个魔术玩具，但在他央求妈妈买下后，却发现自己根本不会玩。于是，他又去求妈妈教自己玩法，但妈妈只用两三句话解释了其中的魔术原理，便不再多说一个字了。茂木草芥按照妈妈的提示，经过反复试验，终于明白这个魔术玩具怎么玩了，他高兴地蹦了起来。

心理学家欧布认为，当一个问题还没有解决就中断了，人们想要解决问题的想法就会愈发强烈。就比如看动画片，到了关键剧情的时候这一集突然结束，孩子自然就会对下一集望眼欲穿。

但父母忍住不插手，也不是一味让孩子自己搞定，在孩子一筹莫展时，父母要提供适当帮助。在孩子有些头绪或者渐渐上手时，再任由他自由发挥，这样能让孩子更有信心解决问题，避免因为做不到而产生挫败感。

其实,向父母提问这件事,本身就是孩子思考的一部分。他们的初衷可能只是想要听取年长者的意见,或者期望得到父母的关注和回应。美国教育家陶森认为,即刻帮助就是贬低孩子的智慧。经验和能力是通过无数积累才能养成,父母代劳便是在剥夺孩子独立思考的机会。父母忍住不插手,在孩子受挫时,给一两句点拨、鼓励和安慰,就足够支持孩子走得更远。当然,保护孩子的求知欲,肯定并称赞他的提问也是父母不能忽略的。

当然,孩子也会遇到很多超出自己能力范畴的问题,这时简单的鼓励或者点拨就可能不奏效了。美国心理学家默娜·舒尔基于认知行为原理,提出过一项解决儿童社交问题的方法——ICPS,人们将这种思考模式广泛应用,引导孩子独自思考、解决问题。这个方法与其说是在引导孩子解决问题,倒不如说是帮他建立解决问题的思维模式。父母可以参考并引导孩子科学有效地思考,自己解决新的问题。那么,父母具体可以怎样做呢?

用问题代替指导

当孩子求助时,父母可以反问他"你觉得问题出在了哪里?""你有什么思路吗?"

对于孩子而言,父母的叮嘱几乎等同于唠叨,父母说"提前收拾好书包""别吃凉的辣的油炸的"……孩子便回答:"嗯嗯,知道啦。"实则没有丝毫改变。因此,父母不妨直接询问孩子"今天上学,你都需要准备什么?""明天多少度?你想穿什么衣服?"

父母要表示尊重,用平等的语气向孩子提问,则更容易让孩子接受,引导他思考怎么做,而不是和他争论做还是不做。

说出思考过程

父母要先判断孩子是否有能力解决这种问题,孩子是否欠缺某种技能,是否可以培养。如果答案是肯定的,父母就可以把解决问题的思路告诉孩子。比如,"这个问题如果是我的话,我会……因为……""不行啊,那还可以……因为……"父母可以给孩子展现许多思路,正确的或是错误的都可以。父母可以鼓励孩子评价这些方法,让他挑出认可的来试试。

面对孩子的求助,父母忍一忍,不要轻易插手,最终孩子的"做不到"渐渐都会变成"做得到"。

5. 让学习变成孩子自己的事

父母都知道学习是孩子自己的事情,但他们又认为自己有责任保证孩子学习成绩。结果他们表现得比孩子更加在乎学习,甚至为了孩子的学习不断自我牺牲。结果,孩子不但没有学习的主动性,反而认为自己不过是在为父母学习。

看到莉莉进门,妈妈连忙问她:"成绩怎么样,考了第几名?"莉莉磨磨蹭蹭地说:"考了全班第7名。"妈妈有点不高兴,继续问:"年级排多少名?"莉莉忽然有点生气地说:"你能不能别问了,这次没给你考好,让你丢脸了。"妈妈一听火就蹿上来了。"你是在为我学习吗?"莉莉毫不示弱地回击:"难道不是吗?"

妈妈想着她每天 5 点给莉莉准备早餐,晚上 10 点还要热消夜,每天风里来雨里去地接送,换来的居然是孩子如此蛮不讲理的回应。妈妈一下子很想哭,难道自己辛苦付出也是错吗?

父母不自觉地把孩子的学业揽在自己的身上,他们的情绪随着孩子的成绩波动而起伏。有些父母更是不惜牺牲自己的事业和生活,进修和升职的机会说放弃就放弃,花费无数心血的店铺说关就关。父母放弃自我提升,就会把注意力全部放在孩子的成绩上,情不自禁地代管孩子的学习活动。

在补习班上,曾有父母坐在教室的后排听讲,孩子听不懂就再给他讲一遍。无论是预习还是背诵,他们都要深度参与,具体盘问。怪不得孩子们会在运动会上,举起条幅"我爱学习,学习使我妈快乐。"父母对学习的上心程度,导致了孩子根本不觉得学习是自己的事,只是在父母的督促下勉强向前。

为了让孩子爱上学习,父母可以说使出了浑身解数,奖励、惩罚、督促、管束,但孩子却在后面磨磨唧唧,学习简直就是难以忍受的折磨。小学的时候,多数父母辛苦拼一拼,还能保证孩子不会偏离努力的路线。但到了初中、高中呢?单单靠父母的拖拉拽,肯定就行不通了。

外部再如何施压,也无法调动内在的动力。孩子只有意识到学习是自己的事情,爱上学习,才会主动学习。父母每天严密地管控孩子的学习,不要说激发内在驱动力了,孩子不讨厌学习已经算好的了。

但又有父母觉得"既然学习是孩子自己的事情,那就让他自己来吧。"于是不管几岁,他们都要孩子自己制订学习计划,完成学习任务,整理学习用品,保持学习成绩。当孩子遇到挫折时,还得自己调整心态,兢兢业业地查究改错,坚定向前。

父母不要忘记,孩子的能力和心智是受年龄和发育情况决定的,父母要求刚上幼儿园的孩子自己制订学习计划显然是不合理的。父母要根据孩子的具体情况来判断,哪些事孩子能胜任,什么时候适合让他做更多的事情。

对于年幼的孩子来说,没有正确的管束和引导,他们就能毫无负担选择最舒服、最快乐的生活。而父母如果完全放任不管孩子的学习,就会让他错失养成学习习惯、学习兴趣和学习能力的最佳时机。

那么,父母具体怎么做,才能把学习变成孩子自己的事情呢?

不过多安排孩子的学习任务

父母想要安排孩子的学习生活,一定先征求孩子的同意。即使他同意,父母也不能全盘插手。在孩子小的时候,为了培养他良好的学习习惯,父母可以管得稍微精细一点。但随着孩子年龄增长,父母只把控大方向就可以。

父母要逐步引导孩子自己安排学习生活,教会他如何制订学习计划，如何考虑学习哪些兴趣班，如何决定学习时间，等等。父母要根据孩子的具体情况循序渐进，让他学会给孩子安排学习任务。

不监督孩子写作业

很多父母都喜欢陪孩子写作业，但这种方式既不能让双方更亲密，也不利于孩子独立写作业。如果年幼的孩子无法独自写作业，父母可以先陪一段时间。但如果孩子可以自己读懂题目并解题的话，父母就可以逐渐远离孩子，等孩子有问题求助的时候，再适当地点拨一两句。父母要相信孩子，尽快放手，培养他独立完成作业的能力。

不要对孩子的学习指指点点

父母看到孩子学习不认真，就会说"你快点写，认真点。"如果孩子学习成绩退步，父母可能会说"上课有没有认真听讲，数学这么差，要用心一点。"孩子每天要应付各种各样的督促。这不仅会激起他的逆反心理，还会让孩子觉得，努力学习是在满足父母的要求，于是学习又变成父母的事情。

不要让孩子沦为一台需要父母操控的学习机器，学习是孩子自己的事情，父母不妨相信他，给他爱上学习、学会学习的机会。

6. 提供选择，锻炼孩子的自主能力

"把作业写完""快去刷牙""把苹果吃了"……父母大多习惯于对孩子发号施令，而孩子则充耳不闻。道理大家都明白，接

受命令远远比不上自己接受选择有动力，父母与其想方设法让孩子听话，不如问他"你选哪一个？"

图图想吃零食，妈妈觉得孩子还没有吃饭就吃零食，这样可不行。于是妈妈问图图："你可以选择现在吃零食，或者选择在吃完晚饭后再吃零食，晚饭有你最爱吃的糖醋排骨。"图图一点也不买账，想也不想就说："先吃零食，再吃排骨！"妈妈说："吃了零食，你就吃不下排骨了。"图图自信地说："我吃得下，肚子撑一撑没事的。"听到这话，妈妈一时间都不知道要做何反应。

"提供选择能够让孩子感受到尊重，更有主动性。"不少父母都认同这一点，并付诸实践。年幼的孩子没有做出理性判断的意识，相比于配合父母，孩子更愿意满足自己的需求。其实，对于年幼的孩子来说，"选择"只是锻炼他分析利弊、做出取舍的能力的形式，父母不要把这演变成一场纵容。

在《正面管教》一书中就有提到，想要孩子配合，那父母给出的选择项就应该是有限的，是父母本身可以接受的，最好还能对他人有好处。后两条很容易理解，在这样的范围内，孩子做不出错误的选择，同时也能体验自己做主的感觉，乐于完成自己的选择。

至于为什么要提供有限的选择？

心理学家巴里·施瓦茨设计过这样一个实验，他让两组孩子一起画画，第一组孩子需要从3支画笔里选1支，而第2组孩子需要在从24支画笔里选1支作画。然后，研究人员开始劝说孩子们放弃自己的选择。结果,第二组的孩子更容易放弃。

施瓦兹教授得出结论:选项越少,孩子越容易就坚持,而过多的选项就是"选择过载"。"选择过载"不仅容易分散孩子的注意力,还会让孩子不懂得珍惜自己的选择,总觉得其他的选择更好。有时候,过多的选择和没有选择同样可怕,它们会导致孩子渐渐不会选择,害怕选择,毫无自主能力。

在孩子的分析能力不强的时候,给孩子特定的选择项,会让孩子的思路更清晰,更明确地知道自己想要什么。再加上父母不断给孩子分析利弊,他就能迅速掌握做选择的思路,能越来越果决地做出选择。

而有些父母喜欢问孩子"给你生个弟弟妹妹好不好?""暑假送你去爷爷奶奶家好不好?"但这些重要的事情,父母真的会遵从孩子的选择吗?如果孩子说好,父母就做,那他就有可能会背负很大的压力。如果父母只是随意问一问,那孩子就会觉得自己的选择无关紧要,也很难再相信父母的提问,孩子慢慢就会丧失安全感。当父母确定不会听取孩子意见时,就不要问他"好不好?"。父母要懂得给孩子做好心理建设,让他针对一些小细节做选择更好。比如,给二胎挑选什么颜色的婴儿床,带哪些玩具去爷爷奶奶家。

父母可能觉得,这种提供选择更像是操控孩子。所以,在经过几年的锻炼,孩子拥有了成熟的判断和选择能力后,父母就可以逐渐放手。父母要让孩子自己面对各种选择,做出各种选择。

那么，父母在提供选择时，具体需要怎么做呢？

综合考虑每一个选择项

虽然是孩子承担选择的后果，但父母也需要为孩子负责，保证他的安全和健康。所以，父母要事先想好选择项会受什么因素影响，会产生什么影响。比如，父母问"明天想要去动物园，还是室内游乐园？"那就要事先考虑交通、天气、孩子是否会因为降温而感冒等。

父母要尽可能保证每一个选择都万无一失。否则，父母问："你想吃豆角还是茄子？"孩子说："茄子。"然后父母说："茄子不新鲜，或者家里没有搭配茄子的土豆，还是吃豆角吧！"那可想而知，孩子一定会对父母感到不满，爆发亲子矛盾的可能性也是有的。

直接告诉孩子理由

有时候，孩子不愿意接受父母给的选择，他会说"不吃这些，我想吃汉堡。""什么兴趣班也不想上，就想在家玩。"这时候，父母可以直接告诉孩子理由，比如，"一周只能吃一次汉堡，因为这吃多了不健康……""每个人都需要有一两个特长和兴趣，只在家玩既学不到知识，也……"

如果孩子不理解，父母要保持耐心让他理解到位。同时也要态度坚定，让孩子知道有些事情是必须要做的。

父母要相信，孩子的每一个选择都是一次小小的进步。终有一天，孩子能够在繁多的选择中，找到自己的坚持。

7. 把决策权还给孩子，从小事开始到大事

大多数父母都喜欢精心照顾孩子，孩子吃哪些食物，带几支铅笔，多久喝一次水等诸多小事都要帮他决定。等到孩子长大，在大事上需要自己做决定时，他已经不会做了，因为他连决定小事的能力都没有。

只有把决定权交给孩子，孩子才能拥有主动性。想想看，当老板对你说："这件事具体怎么操作，都听你的！如果需要帮助，尽管找我。"你是不是立马热情高涨，摩拳擦掌，跃跃欲试了？同理，"这事听你的。"对孩子来说也具有非凡的魔力。

读书创始人樊登认为，父母控制孩子，就得帮助他不断解决问题。如此孩子就失去了变得更好的机会。大多数父母不信任孩子的决策能力，但事实恰恰相反：研究人员曾测试过9岁到21岁青少年的决策能力，最后发现，14岁、18岁和21岁青少年的决策能力没有明显差别。只要告诉他相关知识，9岁孩子同样可以做出正确决策。

的确，年龄较小的孩子会做出错误的决策，也常常会把事情搞砸。但是，有些小事即便错了也没什么大不了，很多事情根本就无关紧要。比如袜子的颜色是否和鞋子搭配，穿哪一件短袖出门，画画的时候给房子涂什么颜色，等等，这些事能产生什么不良影响？父母担心的也许不是孩子的决策能力，而是内心的控制

欲是否被满足。

父母不要纠结于无所谓的小事,试着让孩子做决定。孩子的决定必然和父母的决定不同,它可能让父母感到不满,甚至可能是个错误的决定。但这是孩子出于自己的眼界、立场和思维方式做出的,只要没有伤害到自己和他人,父母就应该尊重。每一天都有需要孩子决定的事情,父母让孩子从小做决定,他才能拥有自己做决定的意识和能力。这样以后做重大决定时,孩子才会做出最合理的决定。

但把决策权还给孩子,并不是任由孩子胡闹,或者让孩子无所适从。当孩子无法做出决定时,父母要及时提供帮助,给孩子一些他不知道的信息,并客观分析,给出建议。比如,孩子不知道要去哪家餐厅,父母可以分析,这一家餐厅的饭菜很好吃,我们上周就吃过。那一家餐厅分量多,很便宜,甜点非常好吃。父母的引导加上孩子自己的思考,会让他做出合理决断。父母可以影响孩子的决定,但真正的决策权还是在孩子手中。

《好妈妈胜过好老师》的作者尹建莉认为,父母和孩子是完全独立、互相平等的,父母不要代替孩子做决定。父母把决策权还给孩子,孩子才会意识到自己不是父母的附属品,他们才懂得去追寻属于自己的个体价值。于是孩子就会乐于表达想法,敢于选择喜爱的事物,为了决定而努力,并愿意承担后果。而从小事开始做决定,则是让孩子学会思考、养成自信,将来面对大事时才会游刃有余。

父母可以把决策权还给孩子，但是不能让他决定一切。年幼的孩子突然拥有了超出自我认知的能力，孩子心里没数，焦虑促使他们不断试探界限在哪里。如果父母放任下去，渐渐孩子就会烦躁、专横、任性，甚至任何意见都听不进去。把决策权还给孩子的同时，父母要清楚在哪些方面可以放权，又该如何教导孩子，让他做出合理的决策。因为各个不同年龄阶段的孩子生活经验各不相同，让他们制定的规则范围也有所不同。

幼儿：父母可以让孩子决定穿哪一件衣服，玩哪种游戏，或者买哪种零食。父母可以拿两包不同的零食，让孩子选一个。

学龄前：父母可以让孩子决定时间如何分配。比如，上午有两小时的游戏时间，自己玩游戏和爸爸妈妈一起做游戏的前后顺序和时长可以交给孩子决定。

小学：父母要给孩子一个明确的目标，让孩子决定用哪种方法达成目的。比如，成绩提升，孩子可以决定自己重点学习哪一个科目，使用什么方法。保证身体健康，孩子可以决定每天吃多少菜，穿多少衣服，睡多长时间等。

初中：此时孩子懂得权衡利弊，且有一定的自制力，父母可以让孩子自己做决定，只要给他一些建议就可以了。

自己决定生活的细节、决定人生的方向，会给孩子带来无与伦比的成就感和快乐。父母让孩子做决定，就不要考虑自己是否满意，重点是孩子是否满足。

8. 学会放手，让孩子独立成长

在《动物世界》里，我们看到，当小猎豹长大，猎豹妈妈会离开它，在别的地方生活；当小狐狸长大，狐狸妈妈会把它赶出巢穴，强迫它开始独立生活；当小鹰学会爬行，鹰妈妈会逼它飞翔。学会放手，才是父母给孩子最深沉的爱。动物尚且如此，何况人类？

世界上所有的爱都是为了团聚，唯有父母之爱是为了别离。为了别离之后的孩子，有抵御风雨的能力，父母必须学会慢慢放手。独立的过程必然是受苦的过程，看着孩子受苦，父母心痛，也要忍受。孩子只有在独立中才能学会面对，学会勇敢，才有机会成为更好的自己。

孩子一出生就离开母体，他依靠父母的爱和照顾长大，同时也尝试和父母分离。10个月左右，孩子有了独立意识，他开始尝试独自探索世界。但两三岁时，孩子会发现自己做不到的事情有很多，于是他又渴望回到母亲的怀抱，越长大越喜欢和父母黏在一起。等孩子长大，他们会渐渐远离原生家庭，拥有自己的生活。

电影《奇迹男孩》中，奥吉一出生就因为先天疾病而生命垂危，前前后后经历了27次手术才终于活下来。手术导致奥吉的外貌异于常人，家人为了保护他一直没送他去上学。于是奥吉10

岁之前，妈妈是他唯一的老师。但妈妈深知奥吉需要接触外界、接受学校教育，他必须学会适应异样的眼光。所以，尽管非常担心，父母还是把奥吉送进了学校。因为丑陋的外貌，奥吉在学校受尽歧视和欺凌，但父母的鼓励和支持让他有勇气直面一切，最终收获了友谊，坦然又自信地融入人群。

孩子终将去到外面的世界，父母能给孩子最大的保护就是放手。孩子早一点离开父母的庇护，就早一点认识到自己的不足。这样孩子就会萌生出改变的想法，并不断努力、不断成长。

牛津大学心理学博士教授艾莉森·高普尼克在《园丁与木匠》中写道，爱孩子不是为他设置终点，而是支持他完成这场旅行。不同阶段的孩子有不同的心理需求，父母要仔细观察，在他需要爱的时候给予爱，需要空间的时候体面退场。这样即使孩子离开家，感到脆弱孤独，他也知道父母会永远包容、支持自己。这样，孩子才会有底气和动力去做想做的事。

一天晚上，妈妈宣布小怡可以自己去上学。妈妈说："你已经上小学五年级了，妈妈相信你可以做到。没关系的，你不是已经记住了路线图，也知道怎么用电子手表联络爸爸妈妈了吗？试试看好不好？"第二天，小怡出门，妈妈忍不住偷偷跟在后面。妈妈看着小怡一直摸着电话手表，但始终没有拨通，最后准时到达了学校。

很多父母舍不得孩子远离，没有界限地陪伴他、照顾他，最后"困住"他，社会上的"啃老族""巨婴"就是父母和孩子分离失败的后遗症。父母不必担心自己放手,还不太会走路的孩子会摔倒。因为对于孩子来说,想要学会走路,摔倒是无法避免的。但这也有不是要父母突然之间对孩子不管不顾。事实上,父母的一点提示和引导,就有可能支撑孩子度过煎熬的时光,帮孩子解决困难。父母不妨多一些耐心,等孩子拥有能力和底气后,再放他离开。那么,父母究竟要做什么,才能在保证孩子不受伤害的同时,让他更独立自主。

鼓励孩子尝试

心理学研究证明,3岁左右的孩子自我意识萌发,开始尝试独自做事。在这阶段父母可以鼓励孩子尝试一些力所能及的事,比如,洗袜子、整理物品以及一些简单的家务等。

父母要给孩子准备好一切他需要的东西,并多演示几次应该怎么做,等孩子学会了再让他自己做。如果父母担心孩子,可以说"5分钟后我再来检查,你加油。"然后就远离孩子所在的空间,相信他能够做到。

父母需要保持冷静,平复自己的焦虑情绪。如果孩子求助,父母可以适当引导孩子,如果时间到了,孩子还没有做好,父母可以和孩子一起做完这件事,告诉孩子"你刚刚只是太慌乱,没有想到,其实你是有能力做到的。"舒缓孩子的情绪,帮他重新树立信心和安全感。

给孩子制造小麻烦

父母可以偶尔给孩子制造些麻烦。比如,父母可以在收拾衣服时，拿走一件孩子喜欢的衣服，骗他说"衣服被爸爸妈妈弄丢了"，然后指引他找到。父母还可以"遗忘"，比如忘记倒水、监督孩子检查作业等。这样的事情多了，孩子就会不放心父母，逐渐减少依赖，尝试自己独立做事。

当孩子做成一件事时，父母可以肯定孩子行为，让他知道自己有能力做到，提高积极性。

父母的爱是成全，精心培养，只为让孩子拥有远离自己的力量。孩子的背影远去，但父母和孩子的情感联系却会越来越紧密。

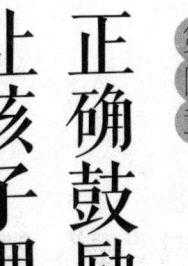

第四章 正确鼓励,让孩子拥有前进的动力

1. 说"是",塑造让孩子的开放式大脑

很多父母可能不了解什么是"开放式大脑",这是由全球著名脑科学专家丹尼尔·西格尔提出的概念,丹尼尔·西格尔认为人们的思维模式可以分为两类:开放式和封闭式。当孩子对学习或者其他活动表现出抗拒的姿态,不想上学,不舍得暂停游戏、不愿意刷牙、不接受考试成绩差,独自一人偷偷哭泣,那么他的大脑就是处于封闭状态了。与之相反,开放式大脑就是让孩子自觉、主动去做这些事情。

丹尼尔·西格尔曾经在演讲上和观众做过一个互动,他请观众闭上眼睛,关注自己听的内容对自己身体和情绪的影响。他先是非常严厉地说"不",连续说了7次。然后,又用温柔的声音说"是",同样重复了7次。

最后,他让观众说说自己的感受。观众的反应都是,当自己听到后情绪会变得烦躁、不安,对听的内容很排斥,听不进去。而在听到"是"后,心情则是舒服的、高兴的,对听的内容很愿意接纳。

丹尼尔·西格尔说,听到"不"时的大脑就是封闭的,听到

"是"时的大脑就是开放的。父母如果有兴趣，不妨和孩子做个游戏，感受一下二者的不同。

引发反抗还是接纳的神经回路被科学家称作是"社会参与系统"，当它受刺激时，大脑就处于接受信息的状态。"开放式大脑"的概念就是源于"社会参与系统"，只要它活跃，人们就会变得轻松、愉悦，在遭遇困难时，也会更冷静灵活，并且会更积极地分析、解决问题。

同时，开放式大脑能够改变孩子做事的态度，从前不愿意听的话，孩子在开启开放式大脑后，会愿意认真倾听，仔细思考。同时，开放式大脑会让孩子乐于关心他人，与他人建立联系。而当孩子开启封闭式大脑时，他们只会想着是"战斗""防御""逃避"或者其他应对危险的反应。此时，孩子的思维毫无灵活性可言，他们很容易感到崩溃和无助，主动和接纳对他们来说都是负担，呆板和固执是他们的代名词。

孩子是习惯于封闭式大脑还是习惯开放式大脑，和父母的日常行为有很大的关系。父母对孩子要求严格，喜欢否定，孩子因为长期处于紧张情绪就会习惯用封闭式大脑思考。但开放式大脑的塑造并不是让父母一味肯定，关于这一点，丹尼尔·西格尔在《如何让孩子自由又主动》中是这样形容的，父母不用经常对孩子说"是"，纵容孩子的行为，做出妥协。父母也不用为了让孩子高兴而代替他们解决问题。开放式大脑的作用在于帮助孩子正确认识自己，成为更好的自己。父母要学会让孩子拥有解决问题的能力，同时自觉选择自己喜欢的更有意义的生活方式。

具有开放式大脑的孩子，他们能够管理自己的情绪和行为，不会被失败和伤害打倒。他们客观地审视、评价自己的同时，也会理解、关心他人。开放式大脑会帮孩子找到目标，不断鞭策自己朝着目标而努力。父母可以参考《如何让孩子自觉又主动》中提到的方法，帮助孩子开启开放式大脑。

保证孩子的睡眠时长

睡眠对保证大脑健康和身体健康来说非常重要，睡眠不足会影响孩子的专注力、记忆力以及思维的活跃程度。没有充足的睡眠时间，孩子就会浑浑噩噩、脾气暴躁。

研究显示，不同年龄段的孩子所需的睡眠时间也有所不同。

1到2岁的孩子，每天需要的睡眠时间为11到14小时。

3到5岁的孩子，每天需要的睡眠时间为10到13小时。

6到12岁的孩子，每天需要的睡眠时间为9到12小时。

13到18岁的孩子，每天需要的睡眠时间为8到10小时。

每个孩子所需的睡眠时间都会存在一定的差异，父母可以参考以上数据，并结合孩子的具体情况做出调整。

给孩子留出做不同事情的时间

《如何让孩子自由又主动》提到了"健康餐盘"理论，孩子每天进行不同的活动才能充分锻炼大脑的各个区域，让它们联合工作。

1. 父母可以让孩子专注地做一件事情。

2. 父母要保证孩子每天玩耍。

3. 父母可以带孩子外出感受大自然。

4. 父母可以引导孩子反省、审视自己。

5. 父母要保证孩子有充足的运动量。

6. 父母要教会孩子放空,什么也不想。

有人说幸福的人生千篇一律,但也正因如此,父母才能找到让孩子获得幸福的方法。父母要学会开放孩子的大脑,让他们自觉又主动地生活、学习,做最真实、最精彩的自己。

2. 肯定孩子的努力,而不是能力或者聪明

被誉为美国心理学之父的威廉·詹姆斯说:"人类内心最殷切需求的就是得到肯定。"肯定、夸赞是鼓励孩子的必胜法宝,但父母夸奖孩子时也需要策略,多肯定孩子的努力,而不是能力或者聪明。

周末,妈妈带着梅梅去妹妹家做客,还没等梅梅喊小姨,小姨就拉着她的手说:"梅梅是越长越漂亮啦,完美继承了你爸你妈的优点!"

梅梅有些不好意思,但妈妈却说:"你不能夸她好看,这对她不好。"

妹妹有些纳闷:"这年头夸漂亮也犯忌讳?"

妈妈对妹妹说:"孩子漂不漂亮是由父母的基因决定的,你夸

梅梅漂亮，会让她以为长得漂亮是她自己的本领，这样她就会骄傲，瞧不起长相差的孩子。"

妹妹听完后恍然大悟，说："那我以后就不夸她了。"

妈妈有些无语，告诉妹妹："你可以夸她笑得好看，衣服搭配得好，有礼貌。"

妹妹听后，把梅梅叫过来又重新夸了一遍。

孩子的能力、智商、外貌都是先天的优势，不值得夸赞或者炫耀。而努力则是孩子一步一个脚印走出来的，父母应该看到并经常肯定他的努力。父母夸赞孩子的天赋，告诉孩子"你很聪明""你很懂事"，有些孩子会信以为真，觉得自己的进步就是因为天赋过人，于是努力在他们眼里就成了不必要的事情。也有些孩子心里清楚，自己不像父母夸赞得那样聪明，他们会感到疑惑和不安。为了改变父母的认知，他们会故意表现得差一些，降低父母对自己的期待。

心理学家卡罗尔·德韦克，曾做过一个关于"不同夸奖对孩子的不同影响"的实验。他把分数相近的孩子分为两组，对第一组孩子说"你真聪明，成绩真好。"对第二组孩子说："你的成绩这么好，一定很努力。"一段时间后，第一组孩子出现了明显的厌学倾向，逃避尝试难题。而第二组孩子则不会轻易否定自己，遇到挫折会把注意力放到尝试不同的解决方法上。第二组孩子相信努力会帮助自己实现目标。

卡罗尔·德韦克认为，只有适当的表扬才能对孩子的行为产生积极影响。孩子努力做好一件事，父母却只是夸赞孩子的能力，这会让孩子觉得父母就是为了表扬而表扬，从而丧失了对事情本身的兴趣。而当孩子遭遇挫折时，他们会怀疑自己的天资、能力，轻易否定自己。

父母夸奖孩子的能力或者聪明时，话语中暗藏着对孩子评价和要求。但当父母肯定孩子的努力时，只是在改变孩子内心的感受，并没有要求孩子改变现实。父母切中要点、朴素落地的肯定，会让孩子觉得自己的努力被父母看到并尊重。这样孩子就会更加关注自己的努力过程，渐渐地孩子就能从自己的行为中获得满足和自我激励。同时，父母肯定孩子的努力也是在告诉孩子，能力或者任何现有的一切都可以通过努力来改变，提高孩子努力的积极性。

那么，父母想要肯定孩子的努力，具体要怎么做？

改变说话的方式

父母可以夸赞孩子取得的成绩，但一定要强调孩子的行为，肯定他的努力。很多父母习惯了简单直白的夸奖，所以在夸奖孩子前要仔细想一想，改变自己说话的方式。比如，孩子考试成绩好，父母可以把"你真棒，考得太好了。"换成"辛苦了，我知道这次的成绩就是你一直努力学习的结果。"孩子帮父母做家务，父母可以把"宝宝，你真是太懂事了。"换成"把桌子擦得真干净，碗也洗了，谢谢宝宝。"

父母要及时发现孩子的努力，多多肯定，让孩子知道父母看到了自己的努力，尊重、赞赏自己的努力，这就是对孩子最好的激励。

及时看到孩子的努力

不论孩子有没有取得孩子的进步，努力有没有结果，父母只要看到孩子的努力，就要及时给予肯定。父母看到孩子的努力并及时肯定，会帮孩子重新找回自信心，尽快走出失败的阴影，重整旗鼓。父母可以在肯定孩子努力的同时，并给孩子一些点拨，缩短孩子看到努力成果的时间，激励孩子坚持努力。

比起美丽的容貌、聪明的头脑这些先天优势，努力才是孩子一生的财富，父母的肯定会让孩子明白努力的价值，学会并习惯努力。

3. 孩子犯错，别再用"消极后果"惩罚

美国儿童心理学家金伯莉·布雷恩在《你就是孩子最好的玩具》一书中提出了父母惩罚孩子的两种常见类型，"消极后果"惩罚与"直接后果"惩罚。

什么是"消极后果"惩罚？比如，莉莉贪玩没有按时回家吃饭，妈妈很生气地对她说："不知道按时回家是不是？你这周都别看电视了。"没有按时回家和不能看电视这两件事之间并没有直接的联系，这就是"消极后果"惩罚。

生活中，父母总是有意无意地对孩子施加"消极后果"惩

罚。比如，"作业没写完，那假期去旅游的计划就取消了。""还没刷牙，明天的零食没了。""上课溜号，你的手机没收了。"……通常情况下，孩子听到父母的"威胁"，为了避免惩罚真的落到自己的头上，就会立刻改正行为，开始行动。以至于父母会认为这种教育手段很有用，但用不了多久，孩子就又会故态复萌。这是因为他们无法把惩罚和自己做的事联系起来，而且父母的惩罚常常是随机的：今天不好好吃饭，就不去动物园；明天不好好吃饭的惩罚就变成了不准看电视，这只会让孩子愈发混乱。

此外，如果孩子做错了一件事，父母就趁机取消其他的福利，也只会让孩子觉得父母是在借题发挥。父母的"翻脸""违约"会让孩子认为自己受到了背叛，委屈、愤怒、抗拒、回避等消极情绪会席卷孩子的大脑，刺激孩子做出激烈的反抗。

"消极后果"惩罚，无异于父母用强权压迫孩子听从命令，这就变成了父母和孩子之间的权利之争，只会导致亲子矛盾一触即发，没有任何的教育意义。

和"消极后果"惩罚相对的是"直接后果"惩罚，这是针对孩子行为产生的直接后果进行的惩罚，比如，妈妈要求孩子7点半开始写作业，但孩子不肯写，妈妈几次提醒后，孩子还是磨磨蹭蹭。结果孩子没有完成作业，第二天他因为未交作业被老师批评。这就是"直接后果"惩罚。因为直接后果惩罚更精准，所以更有效。

"直接后果"惩罚，是父母站在孩子的角度替他分析利弊，会让孩子感受到父母是在关心自己、帮自己，更容易接受父母的劝导，改正自己的行为。比如，提前告诉孩子不写作业，早上赖床迟到，后果是会被老师批评。再比如，上课不认真听讲，写作业不会，就会耽误玩耍的时间。

使用"直接后果"惩罚，父母的耐心引导很重要。因为孩子缺乏总结经验教训的意识，所以，需要父母帮助孩子分析错误，举一反三解决问题，指导孩子避免重复犯错。

此外，只要是惩罚，就一定会对孩子造成或大或小的伤害。因此，"直接后果"惩罚一定要有弹性，父母需要根据孩子的性格、能力、态度和心情进行调整。惩罚以不伤害孩子的身体健康，不打击孩子的自尊心为前提。

金伯莉·布雷恩在《你就是孩子最好的玩具》一书中提到了"情绪引导"的概念，父母想要孩子改正错误，可以把"情绪引导"和"直接后果"惩罚相结合使用。

用玩笑的口吻代替"威胁"

夸大孩子行为的后果，或者语气过于严肃，会让孩子以为爸爸妈妈是在警告、威胁自己。适当用玩笑的方式，给孩子一点叮嘱、提醒就可以了。如，"宝宝你再不来吃饭，爸爸就要把喜欢的红烧肉全部吃掉啦。""踢球不要太晚，要不然晚上写作业就得熬成熊猫眼了。"轻松的口吻，能让孩子在一笑之余，慎重考虑父母的建议。

不立刻惩罚

孩子犯错，不要立即惩罚。家长可以制作一张表格，上面写明孩子不能犯的错误,标注一周的时间。在一周内,孩子每犯一次错,家长就在后面画一个哭脸或者打一个叉。如果孩子没有犯错,就在后面画笑脸或者打对号。一周后,父母和孩子复查,错了几次,对了几次。然后继续重复下一周,再下一周,如果孩子犯错的次数越来越少,就说明他在进步,可给予鼓励和奖励。

这个方法适用于孩子尿床、拼写生字、做计算题等任何具有重复性的事情。比如,这一周尿床3次,下周尿床2次,或者这周拼写错了6个,下周错了4个,就告诉孩子这些可喜的变化,相信孩子会继续努力改变。

当孩子犯错时,父母一定要保持冷静,不盲目惩罚孩子。惩罚不会让孩子变得更好,但如果加上父母的循循善诱,孩子就会明白自己为什么会被惩罚,进而改正。

4. 不贴标签,相信孩子发展的无限可能性

孩子总是免不了被贴标签,被人用一两句话来评价、定义,但这其实在无形中限制了孩子发展的可能性。父母要相信孩子的未来有无限的可能,不给孩子贴标签。

之前大火的综艺《最强大脑》中有一位叫周玮的选手,他出生6个月时被确诊为佝偻病,后来又被确诊为智力发育低下。父母带他四处求医,想尽办法,但周玮的情况没有任何改善。周玮

的语言功能退化严重，无法进行正常的社交，被多所学校拒绝。

　　但周玮的母亲从没有觉得自己的儿子是个弱智，在她的努力下，在周玮10岁的时候终于成功申请到一所小学。虽然是以旁听生的身份上课，而且只读到了五年级，但在这期间，周玮展现出了惊人的数学天赋，有着高超的速算能力。

　　母亲带周玮参加了《最强大脑》，观众因他和电影《雨人》的主人公一样，无法社交却有着极强的计算能力，把他称为"中国雨人"。世俗总是轻率地给孩子贴上标签，来限定孩子的人生，但总有父母用自己的爱创造了一场接着一场的奇迹。痴呆的孩子可以成为音乐家，残疾的孩子可以正常娶妻生子，取得极高的成就。父母要相信孩子的发展有无限可能，谨慎说出对孩子的评价，给孩子发展留出足够的空间。

　　爱因斯坦说过，想象力比知识更重要。因为想象力是无限的，它能概括一切。但很多父母不具备无限的想象力，他们不能体会孩子的心情，无法理解孩子的行为。对于不理解的事物，父母可能会随意地给孩子贴个标签，比如懒惰、顽劣、话痨、特立独行、倔脾气等。但孩子却被这个标签伤害到了，索性破罐子破摔。

　　心理学中有一个著名的"标签效应"，心理学家认为当孩子被贴标签时，会主动改变自己的行为，贴合他人给自己的定义。也就是说，如果父母或者其他人对孩子说"你真没礼貌。""你好内向，不爱说话。""你五音不全。"孩子就会开始自我暗示，对自己设限，渐渐变成他人口中的样子。

在《突如其来的假期》中，女儿刘恋从小学习画画，但由于她只按照自己的想法画画，绘画班的老师不认可她的画，不许刘恋使用画架。就在刘恋怀疑自己没有天分的时候，妈妈告诉她，老师之所以不批阅她的画，是因为刘恋是个天才，老师不敢评价她的画。妈妈还找到补习班，要求老师好好对刘恋。就这样，刘恋一直坚信自己是个绘画天才，长大后一直从事着自己喜欢的绘画工作。

很多时候，孩子被贴标签，被随意评价是无法避免的。但父母可以给孩子一个坚硬的外壳，把那些定义他的语言和行为全部隔绝，让孩子坚持做自己。

父母可能无法理解孩子，但父母可以选择相信孩子，和孩子多一些沟通，了解孩子的想法，帮助孩子摆脱标签的影响，让孩子自由发展。

多观察，多挖掘

很多时候，孩子可能因为偶尔听到的只言片语就放弃了自己喜爱的、擅长的事情，父母平时要多观察孩子，看看孩子对什么感兴趣，有什么优点。然后在日常互动中引导孩子多尝试这些，挖掘孩子的可能性。

父母在观察孩子前，可以根据自己以往对孩子的了解，用几个词概括孩子，把这些词写在纸上，然后把纸撕掉。

父母要抛弃以往对孩子的评价，用全新的目光去观察孩子，寻找孩子独特的行为和特质，挖掘孩子更多的可能性。父母可以每隔一段时间就使用这种方法，不断更新自己对孩子的印象。

对孩子进行正向的心理暗示

日本曾经进行过这样一个实验，工作人员找到一个长相一般，内向寡言的女生，和女生身边的约定好，要经常夸奖女生。尤其是女生的老师，他每天都会夸奖女生的外貌漂亮。女生听到有人夸奖自己漂亮，渐渐由不敢置信变为开心。她开始有意识地打扮自己，摘掉黑框眼镜，戴上隐形眼镜，换了发型，开始减肥、化妆。一个月后，出现在人们眼前的已经是一个漂亮、自信的女生了。

正面暗示对孩子的发展非常重要，只要父母看到孩子的潜力，并多给孩子一些鼓励，那么孩子的短板也有可能转换成优势。

父母看到孩子的缺陷的同时，也要看到孩子的优点，用自己的鼓励陪伴孩子越走越远。

5. 在失败中增长能力，是给孩子最好的鼓励

心理学家盖伊·温奇认为，一个人对失败的态度，决定了他的人生是否会成功和幸福。失败和过错不是只能给人们带来伤害和懊悔，还可以成为一段丰富多彩、受益匪浅的经历。父母可以把失败和过错，变成增长孩子能力的机会。

爱因斯坦说过，人们只有从不尝试新事情，才能避开所有的

失败和过错。在孩子的成长过程中，失败和过错是无法避免的。失败和犯错不可怕，可怕的是父母和孩子只会用空泛的鼓励来抵抗沮丧的心情。父母要让孩子从失败和过错中汲取养分，获得成长，走出失败的阴影。

在芬兰，孩子四五岁就会学习滑雪。他们学习滑雪的第一步就是学习摔倒。人们教育孩子一般会对孩子进行正确的示范，避免孩子受伤和犯错。但芬兰人希望孩子明白摔倒是件很正常的事情，所以教练会把自己摔在雪地上，然后一步步示范如何爬起来。接着教练招呼一声，孩子们就会纷纷往雪地上摔。大家一个接着一个跌倒，孩子们觉得非常有趣，大家一起哈哈大笑，既不畏惧摔倒，还学会了如何正确地爬起来。

孩子没办法知道自己的行为会得到什么样的结果，但孩子在失败和犯错之后，会下意识地问自己：为什么会这样呢？下一次遇到这种情况要怎么做？这正是增强孩子的心理素质，提高孩子的各项能力的机会。

朱超中考数学成绩满分。学校的老师和同学们都很佩服他，老师想请他谈谈自己是如何做到的。

朱超答应了，但是他说今天他没有带他的宝贝，要第二天把宝贝带来才能把自己的经验传授给大家。同学们好奇又期待，希望能快一点见到他的宝贝。

第二天，朱超背来一个大书包，一进教室，他就从书包里拿出15个厚厚的本子，他说这就是他的宝贝，15本错题集。同学们都不明白错题集算什么宝贝。

朱超跟大家解释说,这15本错题集包括了初中那几年他做错过的数学题,还有他认为容易出错的数学题。朱超做错过很多题,但是他并不是按照老师教给自己的改过来就算了,而是把自己做错的题在另外的本子上认真地重做一遍,注明这道题考的是哪个知识点,自己错在哪里,以后再遇到类似的题目,要注意什么。

就这样,整整3年,朱超攒了15本这样的错题集。在中考前,他又逐一地解决每一本错题集上的习题,把它们又都重新做了一遍。所以在考场上,自己才能够轻松地答对所有的题,取得满分的成绩。

最后朱超说:"其实我的成功并没有什么秘诀,只是我不会浪费我的每一次错误和失败,把它们好好地加以利用,才有了我后来的满分。"

不过,失败后通常会产生难过、沮丧、失落的负面情绪,这不是令孩子舒服的情绪体验。所以,如何处理孩子的情绪,也是父母要关注的问题。父母要具体分析自己孩子的性格,如果孩子性格坚强、开朗,那么父母可以先让孩子自己处理失败的问题和情绪,如果孩子的性格内向脆弱,父母则要给孩子一些引导和鼓励,帮助孩子消化情绪。

孩子犯错没什么,但如果一直失败看不到成功的希望,就需要父母引导孩子正确对待错误和过失,从中获得各项能力。

锻炼孩子应对失败和过错的思维模式

生活中的挫折无处不在,对孩子来说夹不起菜、弄丢一个玩具都会让孩子受挫。父母要仔细发现孩子的每一次失败和过错,教会孩子如何正确对待它们。父母要在孩子做错事或者失败之前,就锻炼孩子处理失败和挫折的思维模式,让孩子不打无准备之仗。

当孩子做错事或者遭遇失败时,父母可以让孩子发泄情绪,告诉他可以把自己的感情告诉爸爸妈妈,失败是正常的。等孩子情绪缓和下来,父母要引导孩子思考,下次遇到相同的问题该如何解决,寻找解决方法,再次尝试解决问题。如果解决不了问题,父母要引导孩子仔细总结经验教训,并放下这次经历。

父母可以通过孩子日常遇到的小事,让孩子在潜移默化中学会这种思维模式,理智对待失败和过错。

控制问题的难度

孩子失败或犯错,可能是由于遇到的问题超出了孩子的能力范围。这时候,父母作为成年人,可以给孩子一点帮助或者引导,降低困难程度,锻炼孩子解决问题的能力。父母可以有意识地控制孩子遇到问题的难度,如果孩子没有遇到较大的问题,父母可以在引导孩子时,帮孩子延伸到其他难度较大的问题上,让孩子思考该怎样解决。

父母不能决定生活会给孩子带来什么,但他们可以让孩子明白他所经历的一切,都是生活送给他的礼物。

6. 换个思路,鼓励孩子寻找更多方法

父母不要以为孩子年纪小,思维就一定天马行空,灵活多变。实际上,孩子受限于年龄、认知能力和思考能力,往往只能找到一种方法,然后一条道走到黑。结果是他们碰壁了,受挫了,就干脆选择放弃。

父母不妨教孩子换个角度思考,解决问题的方法永远不只有一个。换个思路,原本令人头疼的情况,也许瞬间就柳暗花明了。

有一个很典型的例子,大英图书馆准备全部搬迁到刚建好的新建筑中,但图书馆藏书非常多,预算经费不足以支撑整个图书馆的搬迁。馆长为了经费问题苦恼不已,这时一个年轻人自告奋勇,说他能做到。没有办法的馆长只好半信半疑地让年轻人试一试。

年轻人在报纸上刊登了一个公告:从今天开始,大英图书馆的书籍可以免费借给市民,市民想借多少本都行。但是有一个条件,市民要从老场馆借书,然后把书还到新场馆。消息一出,人们纷纷去大英图书馆借书。就这样,多半图书被借助者轻轻松松搬到了新馆。

学会换个思路,就不会轻易陷入"死胡同"和"牛角尖"。教孩子换个角度看问题,不代表着半途而废,而是让孩子在综合考量后,迅速尝试新方法,获得更多机会和可能性。

美国亚拉尼大学的心理学教授莫娜·舒尔博士曾举过这样一个例子：

幼儿园里，亚历克斯的吸铁石被同学乔纳森走了，他想要回来，乔纳森不肯还回来。于是，亚历克斯就踢了乔纳森，两个人打了一架。老师把这件事告诉了亚历克斯的妈妈。

亚历克斯的妈妈没有说："你要学会分享，打架是不对的。"而是对孩子说："老师说，你和乔纳森因为抢玩具打起来了，为什么？"

亚历克斯："因为该我玩了。"

妈妈："你抢走吸铁石，乔纳森什么感觉？"

亚历克斯："生气。"

妈妈："那你有什么感觉？"

亚历克斯："生气。"

妈妈："你们两个都生气，你能不能想出一个你们俩都不生气的方法？"

亚历克斯说："我可以给他说，他玩好久了，该我玩了。"

妈妈："他会怎么样？"

亚历克斯："他可能不愿意。"

妈妈："嗯，他可能会不愿意。那么，你还有没有别的方法？"

亚历克斯想了想说："我可以让玩我的小汽车。"

妈妈："好主意，你想到了两种不同的方法。下一次，你愿意试一试吗？"

亚历克斯："好的。"

有父母可能会说,如果孩子想不到更多的方法怎么办?记住,我们的目的是教会孩子思考,结果没那么重要。同时,转换思维,懂得灵活变通,也会帮孩子提高做事的效率,节约时间成本。灵活多变不意味着孩子没有定性,无法坚持,恰恰相反,这样的孩子对自己的想法非常自信,他们总是坚定不移地执行着自己的想法,不容易受到他人的影响。

父母想要让孩子换个角度看问题,本质上是要孩子改变思考模式,所以父母要通过言行把灵活变通渗透进孩子的生活,融入他的心里。

用多种方法解一道题

教孩子刷100道题,不如教孩子用100种方法解一道题。比如,一道简单的算术题,28+36,除了用20+30+8+6之外,你问问孩子还有什么别的方法吗?它还可以是,30+40-2-4,还可以是25+35+3+1,也可以用数轴、百数板来计算。

只用一种方法永远培养不出一个思维灵活的孩子,只有多种方法融会贯通,思维才能趋向于灵活。

和孩子玩转换思维的游戏

角色扮演游戏:父母可以和孩子分别饰演某一故事或者事件中的角色,然后和孩子交流彼此是如何思考这件事的。接着父母要和孩子交换角色,站在其他人物的立场上揣摩扮演角色对某一事件的看法和思考。

父母也可以直接陪孩子读绘本、故事书,让孩子分析不同角色的心理活动和观点想法，教会孩子从不同角度看问题。

口令游戏：父母可以准备一些口令游戏和孩子一起玩，培养孩子的思维转变能力和反应速度。比如，父母说出"大"，然后让孩子找出小的东西。这种锻炼孩子反向思维的小游戏，对让孩子认识事物之间的联系是非常有帮助的。

给孩子其他参考答案

当孩子只想得到一种方法时，父母要问孩子有没有其他的解决办法。如果孩子想不出来，父母可以引导孩子找到第二、第三甚至更多的解决方法。

如果孩子学有余力，父母可以让孩子一道题多想几种解题方法，这是最简单有效的方法。

父母有时候仅仅只看到其他人有多么的聪明机灵，却没有发现这种特质其实是源于孩子幼年时期养成的思维模式。父母教会孩子换个角度看问题，其实是在给孩子更多的人生可能性。

7. 困难面前，让孩子形成"习得性"乐观

中国公安大学李玫瑾教授认为，父母需要让孩子在7岁之前有一个好心态。生活不如意之事十之八九，父母让孩子学会乐观，能够和困难斗争到底，是让孩子积极面对人生的关键。

说到"习得性"乐观，那就不得不提一个和它对立的词"习得性无助"。美国心理学家马丁·塞利格曼曾经做过一个经典实

验,他把一只狗关到笼子里,然后播放音频,只要声音一响,他就会对狗进行电击。到后来,只要狗听到特定的声音,哪怕已经不对它实行电击,它还是会哀号、颤抖。所谓的"习得性无助",就是指生物通过某种长期经历,学会了用无助、绝望来应对某些事情。

在此基础之上,塞利格曼又提出了"习得性乐观"的概念,他认为人类不仅可以通过学习变得无助,还可以在长期训练后,拥有乐观的心态,更积极、更自信地面对困难。塞利格曼提出的这一理论,参考了美国心理学家埃利斯的"情绪ABC"理论。其中,A是指发生的某一件事,B是指人们对事件的消极认识,C则是指人们受认识影响产生的消极行为和情绪。也就是说,人类对事件的不正确认识导致了悲观心态。塞利格曼认为,只要人们换个角度看待和解释一件事,转变认识,进而转变行为和心态,就可以由悲观变为乐观,形成习得性乐观。

很多时候,事情本身并没有好坏之分,只不过人们把自己片面的认识强加到了事物身上。所以,父母想要孩子乐观,不必刻意让孩子的生活中处处都是好事,只要改变孩子对事情的看法,换个角度看问题就可以了。

一个小男孩因为天生的大鼻子,常被同学嘲笑。为此他一直闷闷不乐,不喜欢和同学交往,不参加集体活动,总是趴在教室的最后一扇窗户前往外看。

他的老师玛丽亚发现了他的忧郁,一次课间走到小男孩身边,问:"你在看什么呢?"

他悲伤地说:"有人正在埋葬一条小狗。"

"这真令人难过,我们到前面的窗户看看吧。"玛丽娅牵着男孩的手,来到前面的窗户。

窗外是一片开得芬芳灿烂的太阳花,小男孩脸上顿时阴转晴。

玛丽亚抚摸着小男孩的头:"孩子,你只是开错了窗户。知道吗?在老师的心中,你的鼻子是最可爱的。"

"可是,他们总是嘲笑我。"小男孩难过地说。

"那你可以试试,换一扇窗户,把你鼻子可爱的一面展示给大家啊。"

适逢话剧演出,玛利亚老师指导他参加演出,扮演一个大鼻子小丑。话剧大获成功,因为他的大鼻子,他成了校园里的小明星。长大后的他进入好莱坞,成了最受欢迎的明星之一。

这个小男孩就是埃里克·斯格特,他是20世纪美国最著名的滑稽明星之一。当我们陷入困境、走投无路时,是否想过换一种思维方式,换一种态度,也许一切都会豁然开朗。父母教孩子乐观,本质上就是教孩子换个思维,重新定义困难。在不否认事情的难度和消极影响的同时,也告诉孩子:"困难是你表现自己,使自己变得更好的机会"。

一个人乐观或是悲观是很难改变的,但在马丁·塞利格曼的习得性乐观的理论中,乐观是可以从困难中培养的。美国心理学家马丁·塞利格曼与认知心理治疗师霍隆·弗里曼共同研究，在"ABC"理论的基础之上，推出了适合普通人学习乐观的"ABCDE"方法。当孩子遇到困难后，父母可以通过 ABCDE 这 5 步来教会孩子乐观。

步骤 A，父母和孩子回忆这件事发生的经过，和孩子分析事情发展的原因和影响因素。

步骤 B，父母引导孩子回忆，事情发生时有没有产生消极的情绪或者不好的想法。父母要耐心询问，向孩子保证不会因为他的心理活动而惩罚他，引导孩子说出一切。

步骤 C，父母帮助孩子分析如果实施这个想法或者放任自己的情绪，会产生什么后果。同时父母要注意缓和自己的情绪，让孩子摆脱情绪，思考问题。

步骤 D，父母要反驳孩子的错误想法，教会孩子正确处理事件的做法，也就是改变孩子的想法和行为。

步骤 E，父母要激励孩子坚定刚刚确立的想法。

刚开始的时候，父母可以帮助孩子学习"ABCDE"方法，等到孩子逐渐接受并熟悉思考模式后，父母就可以让孩子自己进行这种思考，逐渐形成"习得性"乐观。

乐观的人，即使处于恶劣的环境，依旧能发现生活的美好，并且为之斗志昂扬。乐观的孩子内心强大，他们往往更自信、更快乐，不会轻易地被挫折打倒，也愿意去挑战困难。

第五章 精准回应,给孩子逆流而上的勇气

1. 面对孩子的畏难情绪，先接纳再引导

"最后两道题太难了，反正前面的分数也够80分了，就这样吧。""作业这么多不想写，爱咋地咋地。""这个真麻烦，好烦，我还是先去冷静冷静，放松一下吧。"……遇到困难时，很多孩子都会选择逃避、拖延，或者求助他人。在畏难情绪的支配下，无论是对学习还是生活，孩子都会表现得失去兴致缺缺，抗拒挑战。

很多父母都不理解，为什么孩子会因为写两三页的生字就崩溃大哭。他们在学说话、学走路时，那种不厌其烦尝试的劲头去哪儿了？斯科特·派克在《少有人走的路》中指出，婴儿阶段孩子的意识是混沌的，但后来孩子的意识逐渐发展清晰，他们会发现很多事情非常困难，自己没有能力做好，然后孩子就会有意识地逃避。他们只想着躲起来，把问题和父母统统挡在外面。此时，如果父母的态度变得不耐烦或者提高要求，会让孩子更加感到紧张、恐惧。

周末，妈妈带陶陶去室内游乐园玩，很多孩子都在玩绳索做成的爬梯。陶陶也去爬爬梯，但他一进去爬梯就开始摇晃。陶陶

有些害怕，转身想要离开。妈妈在外面看到了，便鼓励陶陶："陶陶，找到平衡再试试。"陶陶对着妈妈哭："妈妈，我怕。"妈妈说："陶陶不怕，妈妈在这里看着你。"陶陶不动，妈妈又催促道："快爬啊，后面还有小朋友在等着呢。"陶陶哇的一声哭了起来。

父母知道孩子的活动很简单、很安全，完全不需要畏惧，但父母的想法不能代替孩子的体验和感受。孩子感到害怕，想要逃避是很正常的。很多父母遇到棘手的事情也会犯愁，父母应该理解、接纳孩子的情绪。父母不要对孩子说"这很简单""别害怕"这些话，忽视孩子的感受，甚至是勉强孩子克服自己的感受。父母要引导孩子接受畏难情绪，然后再给孩子一些建议或者引导，帮助孩子战胜困难。

小王的女儿在 2 岁多时自己穿鞋子，她对妈妈说："妈妈，穿鞋子好难，但我喜欢。"为什么 2 岁的孩子会喜欢挑战困难？原来小王夫妇每天都会告诉女儿："今天，爸爸妈妈要去挑战自己，做有难度的事情。"日积月累，孩子也就学会了父母对待困难的态度。孩子的畏难情绪和父母对孩子的影响有密切的联系。父母只有看到、理解并重视孩子的情绪，帮孩子解决情绪背后的问题，孩子才有可能摆脱畏难情绪。那么，父母到底要怎么做？

把困难的问题简单化

当孩子被困难打倒时，父母可以帮孩子分析问题。父母可以把复杂的问题拆分成一个个小问题，或者把它们变成几个简单的步骤，引导孩子一步步克服困难。通过多次尝试，父母要教会孩子如何看待困难，拆分难题的思考模式，建立起孩子解决困难的自信心。

当孩子产生畏难情绪时，父母可以问孩子："你为什么不试试"。引导孩子把他的感受，和他觉得困难的地方说出来。很多时候，孩子不是做不到，只是无法处理好畏难情绪，父母只要帮孩子梳理好情绪和想法即可。

让孩子做稍微难一点的事情

教育学家维果茨基认为，孩子的能力成长可以分为现有阶段和潜能阶段。在它们之间就是"最近发展区"，也就是孩子努力一下可以做到，同时也能激发孩子潜力的事情。父母在给孩子布置任务时，当孩子已经可以独立完成一件事时，父母可以稍微增加一点任务难度，激发孩子的潜能。

太难的事情会让孩子产生畏难情绪，太简单的事情会让孩子厌倦，而稍微难一点的事情刚好可以挑起孩子的兴趣。父母可以多观察孩子，了解孩子的能力和发展情况，为孩子制定合理的目标和任务。

给孩子讲一些不怕困难的小故事

父母可以在孩子放松的时候，给孩子讲一些冒险故事，或者名人的成功事例，重点突出主人公不怕困难的精神。父母可以向孩子提问："你觉得他遇到了什么困难？""如果是你会怎么做？""你觉得他为什么要这么做？"以此来培养孩子克服困难的思考模式。

人们总是不断遇到困难、克服困难,孩子再小也会在困难面前感到无能为力。而父母的作用就是,把自己的经验和勇气传递给孩子。

2. 当孩子要放弃,别说"再坚持一会"

很多孩子做事常常是三分钟热度,面对打退堂鼓的孩子,父母的第一反应往往是连哄带骗,让孩子再坚持一会。而孩子却不理解父母的苦心,说不干就不干,最后闹得父母只能无奈妥协。父母总是抱怨孩子做事没常性,却不曾思考自己对孩子的鼓励为何毫无作用。

综艺节目《少年说》中有一个女孩,她的理科成绩不好,但父亲却想要她学习理科。当孩子觉得自己没有天赋,担心无论如何努力也无法取得好成绩时,孩子的父亲却说:"别人能行,你也行。"父亲明明是在鼓励孩子继续坚持下去,但女儿却哭着下台了。

其实,很多父母都不会正确鼓励孩子坚持。"坚持一下,这其实不难。""我相信你能做到的,要坚持下去。""你看,其他小朋友做到了,你马上也能成功,再坚持坚持。"父母的话术乏味又无力,只是在空喊口号,甚至这些话会激化孩子的情绪。如果事情如此简单,别人也能做到,为什么我做不到?听到这些话,孩子几乎立刻就会开始怀疑自我。而父母对孩子说"我相信你"

来鼓励孩子坚持，就像在对孩子进行道德绑架，让孩子倍感压力又羞于说出自己做不到的原因。

在《津巴多普通心理学》中有一个观点，如果不能理解和共情他人的负面情绪，那么所有的安慰都是在强化这种负面情绪。当孩子向父母表达想要放弃的想法时，内心一定是疲惫而脆弱的，他们希望得到父母的理解和支持。父母如果看不到孩子隐藏的情绪和需求，一味地要求孩子坚持下去，那么就错失一次和孩子真心沟通，帮孩子解决问题的机会。父母想要孩子坚持，就要给孩子提供切实有效的帮助，而不是一句空洞的口号。

周六，桃桃正在写作业，写了一会，桃桃丢开作业本，对妈妈说："我不想写了。"妈妈说："很快就能写完了，你再坚持一下。"桃桃的情绪瞬间被点燃，她大哭："我不写了，我再写一百年也写不完！"妈妈见情况不好，连忙把桃桃抱在怀里，对她说："妈妈知道作业很多，我们桃桃太辛苦了，这样我们先休息一下。"过了一会，桃桃冷静下来，妈妈问她："桃桃，有哪道题不会做？妈妈和桃桃一起看一看，好不好？"桃桃点点头，在妈妈的辅导下继续写作业。

著名儿童教育学家尹建莉指出，坚持做一件事直到成功的经历，会让孩子获得成就感和自信，同时，也会让孩子感受到完成一件后的轻松。也就是说，父母应该把关注的重点放在如何让孩子坚持做成一件事上，而不是让如何让孩子坚持下去。看不到希望的坚持，只会打击孩子的自信心，让孩子觉得坚持是一件糟糕的事情。久而久之，孩子就会喜欢放弃，因为放弃让他感到更舒服。

孩子是没有坚持下去的意识和动力的，因此，父母要用自己的行动让孩子看到，坚持下去是会有不错的结果的，激励孩子坚持下去。久而久之，孩子的专注力和韧性就会有所提高，能够只靠自觉就长期坚持做某一件事。

用自己的经历激励孩子

父母想要鼓励孩子坚持下去，首先要做的就是安抚孩子的情绪。因此，父母可以和孩子讲一讲自己坚持与放弃的经历。这样做能让孩子知道，爸爸妈妈和我有一样的经历，降低抵触心理。父母可以告诉孩子，自己当初坚持做某件事是多么的困难，或者放弃做某事有多么后悔，让孩子明白坚持的重要性。

父母在讲故事的过程中，要多向孩子传达"爸爸妈妈理解你"类似的信息，和孩子多交流对于事件的感受，寻找和孩子之间的共鸣。

设定让孩子做得到的目标

处于不同年龄段的孩子，他们的各项能力也是有所不同的。因此，父母可以根据孩子的具体情况来决定孩子需要坚持做哪些事情。父母可以先和孩子商量，一起制定目标。比如，父母想要孩子练琴，就可以和孩子商量练习的时长，和在哪一个时间段练习；或者询问孩子想要练习的曲目。父母要事先问好孩子的意见，然后再让孩子完成任务。如果孩子在中途想要放弃，父母要尽量引导孩子完成任务，事后再根据孩子的具体情况调整任务难度。

允许孩子放弃

当孩子想要放弃时，父母可以评估一些这件事的难度，是否超出了孩子的能力范围。父母也要观察孩子的情绪，看他是否能够坚持完成这件事。如果孩子确实做不到，那么父母可以允许孩子放弃。父母也可以暂且搁置这个任务，先给孩子做一些铺垫，等孩子有足够能力时再做这件事。

坚持的孩子很棒，但想要放弃的孩子也很可爱，父母要允许孩子有放弃的想法。这时，父母可以教给孩子坚持的意义，以及如何坚持。

3. 别跟叛逆期的孩子讲道理，没有用

在很多家庭中，孩子的叛逆期就是父母和孩子的"战争时间"。父母对叛逆期谈之色变，在大众的认知中，叛逆期的孩子就是处处和父母作对，容易情绪化。而父母想要唤回曾经那个乖巧听话的孩子，便苦口婆心地对孩子不断输出大道理，但这是没有用的。

父母想要解决孩子叛逆期的问题，那么就要了解什么是叛逆期。每个人都会出现叛逆期，科学研究显示，一个人一生中一共要经历三次叛逆期。第一次被称为"婴儿叛逆期"，在孩子2到

3岁前后出现。第二次被称为"幼儿叛逆期",出现在7到9岁。而第三个叛逆期也就是父母最头疼的"青春叛逆期",出现在孩子12到18岁。叛逆期和孩子的心智发育成熟程度有很大关系

在人类的大脑中,中前额皮层负责进行想象、思考、制订计划,而杏仁核则主要负责处理愤怒、恐惧等情绪。叛逆期的孩子容易被情绪占据大脑,只能由杏仁核工作,而听父母讲道理、理智思考这种高难度动作,只能等孩子情绪消退之后再进行。

孩子的叛逆期只有三个,当孩子的叛逆情绪却可以随时出现。18岁的青少年从生理上来看,好像已经是一个发育成熟的大人了,但其实他的大脑前额叶皮层还没有发育完全。人一直到25岁左右,等前额叶皮层彻底发育成熟,才能管理好自己的情绪,冷静地听父母讲道理。在这之前,父母要教孩子控制自己的情绪,否则即使孩子的前额叶皮层发育成熟,孩子也会继续乱发脾气,无法控制情绪。孩子的叛逆期不仅和孩子的身体发育不成熟有关系,内心的需求渴望被满足也是导致孩子叛逆的重要原因。

乔希·西普在《解码青春期》这本书中介绍了"推压杆效应":人们会反复地推压杆以检查压杆是否安全。而孩子不断拉扯父母紧绷的神经,就是在反复确定父母对自己的爱。乔希·西普讲述了自己的真实经历,他自小被父母抛弃,成为一个孤儿,政府需要找到一个适合他的家庭来养育他。他对自己的现状和未来毫不关心,或者说已经麻木。所以,他会想尽一切办法从每一

个寄养家庭逃离。他的方法就是每到一个寄养家庭,他就会不停地做坏事,来激怒自己的临时家人,接着他就会被送往下一个寄养家庭。这个过程最短的时间连一周都不到,他称之为一种挑战。这样的经历一直持续到他遇见了现在的养父罗德尼。他继续以前的表现,他毫不领情,目中无人,偷东西,聚众饮酒,放火烧东西,被勒令退学,养父罗德尼都没有放弃他。于是,为了达到目的,他开始变本加厉,偷开空头支票带来巨额债务,罗德尼替他还了债。他超速驾驶,被扔进监狱,罗德尼把他保释了出来。乔希·西普认为,3年了,这次罗德尼肯定会把自己踢出家门了。

但是,罗德尼对他说:"乔希,你可以接着惹事,继续与我们作对……"然后,他顿了顿,接着说:"孩子,你还不明白吗?你把自己看成是一个麻烦,但我知道,你的人生还有很多机会。"

这句话成了乔希人生的转折点,他决心改过,后来成为研究青春期领域的专家。

叛逆的孩子很有可能也是一个脆弱、缺爱的孩子,只能用叛逆向父母乞求更多的关心和帮助。但当父母想要和孩子沟通时,孩子却在情绪的支配下本能地选择逃避或者抗拒。对待叛逆期的孩子,父母的说教只会加剧孩子的痛苦,设身处地为孩子着想的沟通,才会消除隔阂,让孩子愿意聆听。

父母可以参考以下几点处理孩子的情绪问题,和孩子一起度过叛逆期。

适当地满足孩子的需求

父母也可以在让孩子继续某些叛逆行为,满足孩子的要求,让孩子高兴起来。比如,孩子对着墙壁乱涂乱画,父母可以给孩子找来画画的工具,让孩子发挥创意画一幅画。父母可以自己观察孩子的行为,趁机发现孩子感兴趣的事情,给孩子创造发泄精力、培养兴趣爱好的条件。

父母要根据孩子的具体情况,适度地满足孩子的愿望,减少孩子说的叛逆情绪。父母也可以让孩子接触一些新事物,投其所好,转移孩子的注意力。

对孩子稍微"冷"一些

当孩子的要求不合理或者无理取闹时,父母可以适当表现冷淡一点。比如,陪在孩子身边,但不对孩子的举动做出任何反应,直到孩子的情绪冷静下来,再和孩子沟通交流。在孩子的叛逆期,父母对孩子过多的关心会让孩子感到厌烦,父母要注意减少自己对孩子的命令、指导和斥责,刺激孩子的情绪。

无论是对父母还是孩子来说,叛逆期都是一场很艰难的挑战。父母要用无私的爱和智慧帮助孩子一起渡过难关。

4. 一输就发脾气,教孩子承认失败

3岁左右的孩子,自我意识逐渐发展,会表现出非常强烈的胜负欲。此时,只要孩子在比赛或者竞争性质的活动中胜出,他

们就会欢呼雀跃。而一旦发现自己没有赢的希望,孩子就会产生沮丧、愤怒、羞耻等情绪,这本是孩子在特定年龄里出现的正常心理反应。如果父母不能给予积极正确的引导,反而不断强化赢的观念,孩子就会越来越在乎赢,而拒绝输,一输就发脾气,输不起。

大卫·伯恩斯博士曾经做过一项调查,他发现完美主义的父母很少有单纯奖励孩子的行为,孩子如果不能令他们满意,父母甚至会收回对孩子的关怀。而有些父母习惯了工作中结果导向思维,在互动中通过语言、行动不自觉地向孩子暗示"爸爸妈妈想要你赢""虽然你可以输,但赢是最好的。"如此一来,孩子就只想赢,不想输。

也有很多父母为了哄孩子开心,刻意为孩子制造很多胜利,频繁夸赞孩子。孩子缺少输的经验,所以输了之后无法控制情绪也是理所当然。而孩子本身也会把输赢和自己的能力、品质挂钩,认为输代表着自己"不行",把输当作一件耻辱的事情,无法接受。

小安成绩一向很好,但中考成绩却比模拟考少考了将近50分。小安非常沮丧,觉得考到一个烂高中已经没有未来可言了,认识的同学一定会觉得自己很差劲。父母安排小安去好学校借读,但小安死活不肯上学,每天只在家里追剧,打游戏。

无法接受失败的孩子,说白了就是抗挫折能力差。这样的孩子一旦失败,就会在内心不断夸大失败的后果,容易被打击得一蹶不振不说，还会越来越怕输。而孩子越怕输，越紧张，就越容易输。长此以往，孩子的自信心就会受到打击，遇到一点挫折就会轻易否定自己，没有了拼搏的志气。

一个孩子的成长如果总是一帆风顺，那么他的内心一定是脆弱的，在以后的人生道路上禁不起风吹雨打。父母一定要教孩子面对失败，接纳失败。被誉为"世界第一CEO"的杰克·韦尔奇，曾经讲述了他在高中时的一件事。

当时杰克·韦尔奇是校冰球队的成员。有一次在联赛中，他们一开始赢了三局，但随后被对手反超，双方1：1。

在最后一场比赛中，杰克·韦尔奇极度地渴望赢，因为他的妈妈正在看台上观看比赛。

上半场的时候，杰克·韦尔奇凭借一人之力而独进两球，但到了下半场，对方也连进两球，将比赛拖入了加时赛。加时赛开始没多久，对方又进了一球，杰克·韦尔奇和他的队友仿佛看到了失败的结局，他们不再努力去抢球、争球，他们觉得已经没有意义了。比赛的最终结果定格在2：3。

对于这样的结果，杰克·韦尔奇很是气愤，他愤怒地将球棍摔向了对方场地，然后怒气冲冲地进了更衣室。

就在这时，门突然开了，杰克·韦尔奇的妈妈大步走进来，她一把揪住杰克·韦尔奇的衣领，冲着他大吼道："如果你不知道失败是什么，你就永远都不会知道怎样才能获得成功。如果你真的不知道，你就最好不要来参加比赛！"

杰克·韦尔奇永远记得妈妈的这两句话，是妈妈让他懂得了在前进中接受失败，在失败中前进。

敢于面对和接受失败，才能从中总结经验教训，走出失败。爱迪生试验了1600种材料才找到了适合做灯丝的材料。谈到这1600次的失败，爱迪生表示，他只是知道了这些材料不适合做灯丝而已。

经历过失败的孩子，也才会发现失败没有什么可怕的，这样他就不会因为怕输而逃避很多有难度的挑战。失败会赋予孩子勇气，那么父母该如何教孩子勇敢地面对失败呢？

给孩子失败的机会

父母不需要刻意让孩子失败，只要多给孩子安排一些有挑战性的或者结果很难预料的活动就可以了。父母可以和孩子玩一些看运气的小游戏，让孩子接触到失败。父母也可以根据孩子的能力，安排一些对孩子来说稍微有些难度的任务或者是团体比赛，让孩子有输的机会。

在玩之前，父母要告诉孩子规则，约定要玩就得遵守规则，不能耍赖。父母同时告诉孩子，输和赢没关系，就算输了这次，还有下一次，没有人能一直赢，也不会有人一直输。同时，不要刻意鼓励孩子去争取赢，输了也要肯定孩子付出的努力。父母可以告诉孩子不要在意输赢，只要享受游戏或者比赛的乐趣就可以了。如果孩子因为失败闹情绪，父母可以先安抚孩子的情绪，等孩子冷静下来，再帮孩子出谋划策，总结经验。

给孩子演示面对失败的正确态度

父母可以给孩子讲一些自己失败,或者其他成功人士失败的经历,以此来告诉孩子任何人都会失败。父母可以引导孩子分析失败的原因,如何避免失败等问题。父母也可以亲自在孩子面前失败几次,比如,洗碗时把碗打碎了,父母可以对孩子说:"我把碗摔碎了,涂上洗洁精后碗太滑了,我下次一定得拿紧一点。"父母可以通过自己的日常行为,潜移默化地影响孩子对失败的概念和态度。

接受失败并不简单,父母教孩子接受失败就是让孩子认清自己的缺点。但接受失败也很轻松,因为孩子只有在接受失败后,才能摆脱过去的枷锁,投入到下一个挑战之中。

5. 当孩子说"不想活了",别以为那是矫情

"我不想活了",当孩子说出这句话时,父母不要以为孩子是在矫情,因为这有可能就是孩子对父母下的"最后通牒"。

其实,很多父母并没有意识到孩子心理健康的严重性。当孩子说:"活着好累,好想死。""活着没意思,不如死了算了。"时,大多数父母都会说:"小孩子懂什么生生死死,多晦气。""你还能有我烦?有我压力大?你就是太闲了才会整天瞎想。""你死了爸妈可怎么办?""没事多出去玩玩就好了。"

当父母在不了解孩子经历了什么的情况下,轻飘飘地把孩子

的求救甚至是死亡预告定义成矫情,父母的不在乎、不理解甚至站着说话不腰疼的说教,都会让孩子本就煎熬的内心变得更加痛苦。一些孩子就这样在痛苦、无助和绝望中走向了死亡。

一个13岁的女孩,因为小事和妈妈吵架,从3楼跳下,导致脚踝粉碎性骨折,自杀未遂。随后,她的遗书被发现。她说她从小学五年级,就有了想死的念头,当时没有勇气。直到,妈妈说出那句:"有本事,你去死好了。"她万念俱灰,决定死了一了百了。当孩子说"我想死",其实是在向父母求救,是渴望被爱,被看见,被认可。父母的一句狠话,或者一个小小的举动,都能让孩子万念俱灰,从生到死。心理学家阿德勒认为,人生的意义就是寻求归属感和价值感。归属感就是被接纳、被爱护的感觉,而价值感就是被需要,认为价值有作用的感觉。人一生中面对的所有痛苦,大概都可以归因为归属感和价值感。有研究显示,容易让孩子失去归属感和价值感的因素主要有六个,分别是:家庭矛盾、学业压力、师生关系、心理问题、情感问题、校园霸凌。当孩子说"不想活了"的时候,父母不妨想一想孩子有没有可能遭遇了这些问题,而父母是否让孩子感受到自己是被接纳、被爱护的,是否给了孩子展示能力和实现价值的机会。

父母要知道,孩子不可能无缘无故谈及生死,孩子说想死一定是有理由的。有些孩子只是单纯地陷入对生和死的哲学思考,不理解活着有什么意义。这时候孩子说想死,只是想要对父母抒发自己的困惑。也有些孩子是因为一时受挫,产生了抑郁的情绪，选择用语言来发泄情绪或者一时赌气。而有些孩子的抑郁情绪没有得到及时疏解，逐渐积压变为了抑郁症，想死的念头会频繁地在他的脑海里闪现。

22岁的胡某和两个同龄人，在武汉一个出租屋内烧炭自杀身亡。父亲无数次回想儿子离开家的那个下午，他记得儿子在家里做了饭，洗了澡，然后打扮了一下，还喷了香水，没吃饭，微笑着开门走了。他想从中找到一些儿子自杀的蛛丝马迹，却什么都没有发现。

在整理儿子的遗物时候，发现他在自杀前买了很多关于人生和生命的书籍。很可能在之前很久，儿子就已经陷入了对生命的迷茫。父亲仿佛看到，在儿子小小的工作室里，他的网店根本就不像他说的那样乐观，一个人，一台电脑，他一直在苦苦支撑。他的体重从65千克暴涨到85千克，而作为父亲，却没有在意。

孩子不是没有求救过，只是多半被父母忽略了。父母要有能力关注孩子的变化，他们语言上的变化还比较容易被发现，最怕孩子把一切都藏在心里，表面上无声无息。所以，父母还要关注孩子身体和行为上的变化，比如，一个12岁的少年自杀后，爸爸才发现他生前画的一幅漫画，内容充斥着老师的暴力。

任何不寻常的变化都值得父母关注，心理学研究表明，有自杀倾向的孩子会做出一定的改变，比如，悲伤、暴躁、畏缩、紧张、冷漠、心不在焉、沉默寡言、对学习和生活丧失积极性，出现睡眠问题，或者聊天到深夜、浏览关于自杀的网页等。当孩子出现了这些症状时，孩子也许正处于一个很危险的境地。

那么，当孩子说"不想活了"的时候，父母需要做些什么？

重视孩子轻生的念头

听到孩子说"不想活了"的时候，父母需要表现出对这个问题的重视，但不要表现出过于紧张。父母要平静地问孩子"你为什么会有这种想法？"父母要尽可能地引导孩子说出真实想法。父母要先对孩子的想法表示理解，如果孩子情绪不好，父母要接纳孩子的情绪，然后帮孩子分析他所面临的问题，从根本上解决问题。

求助心理医生

孩子的心理问题非常复杂，父母很难能处理好想要自杀这么严重的问题。如果孩子出现自杀倾向，或者长期把"不想活了"挂在嘴边，父母最好送孩子去看心理医生。即使孩子没有心理疾病，父母也可以定期带孩子做心理辅导，心理咨询师有很专业的情绪发泄的方法和设备，可以帮孩子定期清扫心灵中的垃圾。

如果孩子对生活感到失望，那么，父母要用自己的爱让孩子看到生活的美好，用行动让孩子明白父母会支撑他拥抱精彩的未来。

第六章 适度满足,孩子才经得住诱惑

1. 孩子吃零食，越禁止越疯狂

零食的甜、香、酥、脆，以及充满童趣的漂亮包装，对孩子来说，是难以抵御的诱惑。但在父母眼里，零食富含色素、膨化剂、防腐剂、香精，高糖、高盐、高热量，是垃圾食品，根本不能吃。于是，孩子和父母就站在了拔河的两端，一面是想吃，一面是不许吃。

父母认为钱在他们手里，他不给你买，你就别吃。但父母忽略了，他们可以禁止孩子吃零食，却无法禁止孩子内心对零食的渴望。甚至父母越禁止，孩子对零食就越渴望，这种疯狂会一直延续到成年。比如有孩子因为从小不被允许吃零食，独立生活后就疯狂地买零食，把零食填满整个房间。

有人分享了自己的故事：从小到大，父母对他的零食都管得特别严。直到他上了大学远离父母后，他很快就吃成了一个胖子。

父母因为自己想象出来的可怕后果就禁止孩子吃零食，结果导致了孩子出现更严重的问题。心理学中有一个名词叫作"匮乏感"，一旦人感到自己对某种事物不满足，他就会不断用其他方式来满足自己。父母禁止孩子吃零食，就是在给孩子制造"匮乏感"。在"匮乏感"的作用下，孩子的零食是永远也吃不够的。

尹建莉老师在《自由的孩子最自觉》一书中说，父母扼杀孩子小小的欲望，会导致孩子极度的渴望，进而产生补偿性心理。孩子的童年没有零食，长大后每次看到零食，内心的渴望就会在补偿性心理的影响下不断放大。而没怎么尝过零食的孩子会在心里不断美化零食，加剧对零食的渴望。

父母一味地严防死守，坚决不许孩子接触糖果、薯片等，只会事与愿违，激起孩子的逆反心理。这就是禁果效应，对于越是得不到的东西越想得到，越是不能接触的东西越想接触。

有位家长就讲自己的小女儿3岁时，看见姐姐吃口香糖便也闹着要吃。但因为她年龄太小，奶奶担心口香糖被她不小心咽下去，就一再拒绝，她因此闹得更凶。

家长觉得一味压抑女儿的欲望可能会导致更严重的后果，于是就买了足够的口香糖放在家里，只是告诉她嚼后一定要吐掉。开始，她一天吃掉两瓶。之后，慢慢减少，最后减到了一天一颗，或者不吃，后来就基本不见她吃了。

孩子的欲望就像洪水，宜疏不宜堵。不仅仅是零食，动画片、电脑游戏等都是如此。父母要懂得适度满足孩子合理的愿望，包括某些愿望的合理部分，这样更有利于孩子疏解孩子内心的欲望，不再被诱惑俘虏。

其实，孩子喜欢吃零食可能不仅仅是嘴馋，还有可能是因为孩子存在某种心理需求，比如感到孤独、无事可做、想要父母的关心,没有安全感等。孩子无意识地用吃东西来排遣情绪,而父母却禁止孩子吃零食,这会让孩子感到更加焦虑,更加想要吃零食。当孩子对零食的渴望被压抑到极限时,他们就有可能采取各种手段来获得零食,比如,和父母哭闹、撒谎来获得零食,从其他孩子处讨要、抢夺零食,甚至去商店偷零食或者偷钱买零食。

零食也并不只有坏处,对于孩子来说,零食就是食物的一种分类。零食不仅可以满足孩子的口腹之欲,还能保证孩子摄入一些营养。父母禁止孩子吃零食,无非是担心孩子长蛀牙、吃坏肠胃、以后不爱吃饭,或者对零食上瘾。只要父母引导孩子适度吃零食,养成科学的生活习惯,父母的担心就成不了真。孩子在童年就应该通过零食来品尝快乐,只要零食是安全的,孩子想尝尝,父母大可以买给他。这不是让孩子随心所欲地吃,而是引导孩子吃得既开心又放心。

规定零食摄入量

父母可以在孩子3到4岁,和孩子商量每天只吃一点零食,如果孩子做到了,就给孩子一些奖励。刚开始的时候,父母可以把零食藏起来,不让孩子受到诱惑。等孩子养成习惯,父母可以让孩子自己保管零食,锻炼他们的自我管理能力。

让孩子每样尝一尝

父母可以把孩子感兴趣的零食都买一些,让孩子每一种都尝一尝。父母可以和孩子交流孩子每种零食的味道、口感,并趁机告诉孩子每种零食吃多了会导致什么后果,让孩子少吃。而孩子知道哪些零食对身体不好，在选择零食时下意识就会避开，选择更好的零食。

多让孩子吃一些天然的零食

父母可以教孩子分辨哪些零食不安全，比如，路边无证小摊贩卖的零食，小卖部里的三无产品。父母可以告诉孩子一定不能吃的零食有哪些，如果孩子想吃了，父母可以帮他选一些味道相同的替代品，或者在家自己做零食。

父母可以给孩子准备一些天然的零食备在家里，比如，各种孩子喜欢的水果、烤红薯、坚果、卤味。当孩子的零食选择多了，就不会执着于一两种垃圾食物。

父母也要给孩子提供一些精神上的"零食"，经常陪伴孩子，培养孩子的兴趣爱好，填补孩子内心的饥渴。这样孩子就不会因为无聊和空虚而选择吃零食了。

零食对人们来说并不珍贵，但父母却把零食变成了稀缺物资。零食只是孩子童年的点缀，它们不该成为孩子长大后的遗憾。

2. 缺爱的孩子，一颗糖就能被人哄走

缺什么自然就渴望什么，当缺爱的孩子流露出一点善意、爱意，哪怕是给孩子一颗糖，孩子都会觉得自己有可能获得爱，从而被人哄走。

说到孩子缺爱，很多父母一定会嗤之以鼻，孩子一出生就

备受宠爱，缺什么也不可能缺爱。很奇怪，为什么会有那么多孩子缺爱呢？其实，从心理学的角度来说，缺爱就是缺乏自我认同感，人们在群体中不被认同，缺乏存在感，就会产生这种名为"缺爱"的心理焦虑。年幼的孩子需要父母大量且高质量的陪伴，当孩子向父母说话、求助时，如果父母没有及时、积极地给予孩子回应，孩子就会觉得自己的存在感低。如果父母的行为长期没有改善，孩子就会感到缺爱。

儿童的情感需求如果长期得不到改善，有些孩子就会变得孤僻、冷漠，丧失爱人的能力。孩子认为父母不爱自己，他们要么和父母关系疏离，要么对父母存心讨好。但不管是哪一种，这都不是健康的亲子关系了。

著名作家毕淑敏曾说："不懂得爱的孩子，就像不会呼吸的鱼，出了家庭的水箱，在干燥的社会上，他不爱人，也不自爱，必将焦渴而死。"缺爱的孩子总是会不断地受伤，他们孤僻、冷漠、暴躁易怒、习惯怀疑他人，很难和他人展开一段亲密的关系。同时，他们不可避免地会感到自卑，进而出现讨好他人来获得爱的倾向。自卑加上对爱的渴求会让孩子把自己放得很低，无论是在两性关系中，还是在其他社交关系中孩子都处于被动地位。

孩子缺爱和父母对待孩子的错误方式有很大的关系。有些父母总在孩子的生活中缺席；有些父母忽视孩子的感受，对孩子过于严厉，习惯于否定、控制孩子；有些父母更偏爱其他孩子，孩子没有得到如其他兄弟姐妹一样的爱，也会认为自己缺爱。而一些无法预料的变故也会导致孩子缺爱，比如到了一个新环境，关系亲密的人去世，这些都会让孩子感到无能为力、没有存在感。

其实，解决孩子的缺爱问题很简单，父母只要把自己的爱展示给孩子看，孩子自然会明白他其实是不缺爱的。

多对孩子表达爱

父母可以在适合的气氛下，多对孩子说一些"爸爸妈妈爱你"之类的话。父母也可以在适当的时候，多抱一抱、亲一亲孩子，或者抚摸、轻拍孩子，用语言和行动直接向孩子表达自己对他的疼爱。在孩子出现情绪问题，或者遇到困难时，父母就可以用这个方法来安抚孩子的情绪。

坚持做能让孩子感受到爱的事情

父母可以坚持每天叫孩子起床，给孩子做早餐。在孩子出发前，父母可以蹲下来，温柔地叮嘱孩子一两句话，帮孩子整理衣摆和领口。

在孩子放学后，父母可以给孩子准备一些小零食，和孩子交流这一天双方都过得如何。这方便父母及时发现孩子是否出现什么情况，在学校和社会中存在感弱一样会让孩子感到缺爱，父母要能及时发现，就可以引导孩子解决问题。

及时看到孩子的需求

父母要密切关注孩子的一举一动，及时看到孩子求助的目光。父母不必立刻帮孩子做什么，只要陪在孩子身边给孩子一些情绪上的安抚就可以了。当孩子情绪低落、紧张时，父母要及时鼓励孩子,让孩子感受到父母的关心和支持。当孩子哭泣、暴躁时,父母要及时接纳孩子的情绪,倾听孩子的心声,帮孩子解决问题。

父母要和孩子保持频繁而稳定的沟通和互动,和孩子聊天、玩游戏、一起外出等。父母转换不同的场景照顾孩子,也会让孩子感受到明显的关心。

孩子只有在父母的爱护下才能健康成长,一次举高高、一个微笑、一声安慰都会在孩子小小的心里不断变大,成为保护他的屏障。

3. 满足孩子需要的,而非想要的

每个人对物质都有欲望,孩子也不例外,但如果父母一味满足,孩子的物质欲望就会不断增加。对于孩子的物质欲望,父母要仔细分辨,满足孩子的需要而不是想要。

小昂和妈妈一起逛商场,他指着一个玩具对妈妈说:"这个我们班的阿山也有,我也要。"妈妈点点头。没过一会,他指着一本漫画说:"妈妈,这本书出第二部了,这个得买。"接着小昂看到一个眼镜框,对妈妈说:"你看,这不就是超人的眼镜,妈妈给我买。"妈妈看了看标价——529元。妈妈果断摇头,说:"这个不行。"小昂听到拒绝后,抱住妈妈一直撒娇说:"给我买,我想要。"之后,无论妈妈说什么,小昂就是站在柜台前不肯走。

孩子不会去想商品上的价格标签代表着什么,他们只是看到

新奇的东西、其他孩子有的，他自然也想要。小的时候，孩子可能和父母要一个零食、一件玩具，父母大多都会痛快地满足。久而久之，孩子就会认为："我想要的东西，父母会满足我，没有什么是我得不到的。"那么当孩子喜欢上超出家庭消费能力的东西时，他也会理所当然地认为父母可以买给我。

过度满足无法让孩子学会"欲望管理"。就算再有钱的父母，也不可能满足孩子的所有愿望，孩子总是会遇到一些"想要而得不到"的东西，这个时候，他还需要学会处理这种百爪挠心般失望、沮丧和挫败的情绪。

比起满足孩子的物质欲望，父母不如看一看这背后隐藏的精神需求。孩子很多强烈的物质欲望背后，其实隐藏着更深层次的精神需要。如果仅仅是满足孩子的物质要求，继续忽视孩子的精神诉求，孩子的表现只会越来越"欲求不满"。

有些父母因为内心对孩子有所亏欠，比如，因为工作的缘故不能常常陪伴孩子，或是由于复杂的家庭状况，不能给予孩子很好的照顾，往往会以物质的形式来补偿孩子。这种做法也容易把孩子"惯坏"。

孩子的精神需求包括爸爸妈妈无条件的爱、聆听和接纳、鼓励和肯定、玩耍和自由等。父母要能够在精神层面上满足孩子，孩子的安全感才会真正建立起来，慢慢形成幸福感。只有内心丰盈的孩子，才不会借助物质来填补内心的空虚。

物质补偿填补不了孩子内心的缺口，如果父母一直用物质补偿代替精神陪伴，孩子就会把自己的精神诉求转化为对物质的欲望，通过不断向父母索要贵重礼物来证明父母对自己的爱。

父母的予取予求导致孩子出现了认知偏差，但在父母眼中就是孩子渐渐变得虚荣贪婪、自私任性。很多父母觉得没有满足孩子的物质欲望就是让孩子受委屈，是自己无能。但有能力满足孩子所有物质欲望的父母毕竟只是极少数，父母如果一直满足孩子的物质欲望，到了某一刻却突然中断，孩子无法适应就有可能沦为物质欲望的奴隶。

当然如何去满足孩子需要的和想要的，也没有一个固定统一的标准，这和每个家庭的经济条件有关。比如，富裕家庭的孩子，给孩子随便买个书包几千元钱很平常。但是对于工薪阶层的家庭来说，书包是必需品，但超出自己承受范围内的价格部分就成了孩子的欲望。对于孩子的欲望，父母当然要从自己的经济条件出发，设定一个值，在这个值内去满足孩子。

妈妈和粒粒在买书包，妈妈说："上限200元，超出一分钱也不行。"粒粒点点头，在手机购物软件上挑了起来，两分钟不到，粒粒就对妈妈说："有小美人鱼的都要200多元，我可以买吗？"妈妈说："你一个学期就换一次书包，200元的书包就差不多了。"粒粒听到有些低落，不一会她指着印着灰姑娘图案的书包，对妈妈说："仙德瑞拉只要120元，我想买这个。"妈妈确认了书包质量，就付款了。

父母要分清孩子的需求，哪些是孩子需要的，哪些是想要的。

父母常常因为对孩子的疼爱而混淆这两点，价格高昂的玩具、球鞋、服饰，孩子真的需要吗？为孩子提供生活所需是为人父母的责任，而是否满足孩子的心愿则要看父母的选择。父母可以给孩子他想要的，但这必须是有原则的。父母要让孩子明白，世界上有很多东西爸爸妈妈是买不起的，有很多东西是不值得买的。父母适度的满足能让孩子懂得克制自己的欲望，感谢父母的付出。

父母要学会拒绝孩子的一部分"想要"，给孩子真正需要的。具体怎么做，父母可以参考以下几点。

让孩子厘清"需要"和"想要"

需要的是必需品，可以尽量满足。想要就是欲望，需要根据实际情况去满足。

比如，对于普通家庭的孩子来说，一双舒适、平价的鞋子是孩子所需要的，昂贵的名牌鞋子就是想要的。父母要根据自己的家庭经济情况来做决定，也可以和孩子一起，商量一个符合你们家庭实际情况的规则。

即便有条件，可以满足孩子的"想要"，也要让孩子懂得他想要的东西，并不是总能得到，也不是理所应当必须得到的。如果你决定要满足孩子的"想要"，一定要确认你并非是在向孩子做出妥协，也不是出于"贿赂"孩子的目的。

适当拒绝孩子

当觉得孩子的物质欲望不合理时，父母可以直接拒绝孩子，明确地和孩子说"不行""不可以"。这时，即使孩子哭闹抗议，父母也要坚持下去。父母不要简单地对孩子说"这个没有必要买。""这个太浪费了。""这个不好。"在拒绝孩子时，父母一定要给出孩子真实、具体的理由，用孩子能听懂的话说服他。

如果父母觉得孩子的要求可满足也可不满足，父母可以把孩子的要求当作任务奖励。父母可以给孩子设置几项任务，告诉孩子完成任务才能获得奖励。任务的内容可以是做家务、学习、运动，也可以去商店了解物价、学会货比三家等。

事先告诉孩子可以买什么

父母要事先告诉孩子哪些东西即使他想要，父母也不会买给他，不放纵孩子不切实际的要求。父母可以事先给孩子一个价格上限，规定孩子只能在这个范围内选择。

如果孩子非常想要价格昂贵的东西，父母可以给孩子买平价替代品。父母可以对比两件商品的差异，引导孩子学会选择性价比高的商品。

父母要告诉孩子，不给他想要的东西不意味着爸爸妈妈不爱他。父母要让孩子认识到物质不代表幸福的同时，也要给孩子说出需求的底气。

4. 孩子沉迷手机，打骂不如约法三章

孩子沉迷手机，对手机以外的任何事情都不感兴趣，手机已经是父母教育孩子路上最大的绊脚石了。很多父母试图用打骂来

唤回迷失在网络世界的孩子，结果却适得其反。

因为父亲把手机中的游戏禁止了，11岁的男孩非常愤怒，先是摔碎了手机，后又失手砸碎了父亲珍藏的瓷器。15岁的男孩因为母亲没收手机，两次投江。打骂的方式不仅不能让孩子远离手机和网络，反而刺激其用更激烈的行动来反抗父母。

对欲望的压抑，只是暂时把欲望从意识层面排挤到了潜意识层面，但欲望本身并没有消失。而且这种压抑只会让欲望像浮在水面的皮球，越是试图向下按，它向上反弹的力度越大。如果不想皮球浮出水面，就得一直按着，但意志力是有限的资源，总有一天会消耗完，结果就是欲望失控。

更让父母担心的是，沉迷手机给孩子带来的副作用。6岁女童因长时间玩手机导致双眼严重近视，右眼内斜视。13岁女孩离家出走，只身前往温州和网友见面……

孩子究竟为何如此沉迷手机？

李玫瑾教授做过一个这样的比喻，失恋的人为了逃避现实就会染上酒瘾。而孩子沉迷手机，必然也是要逃避现实中的某些问题。每个时期都有让人沉迷的东西，孩子的问题不是由手机导致的，而是被手机放大了。

很多父母忙于工作，或者自己也沉迷手机，无法给孩子提供高质量的陪伴。孩子说："我想出去玩。"爸爸妈妈只盯着手机，根本没有听清孩子到底说了什么。孩子一直吵吵闹闹，烦得父母没法专心看手机了。于是，父母给了孩子一个平板电脑说："自己玩去。"于是世界清净了，父母和孩子都玩得津津有味。当孩子从手机里看到一个流光溢彩的世界，当然不愿意退出去。尤其是那些在现实生活中找不到乐趣、缺乏陪伴、不被关注的孩子，他们更乐于在虚拟的网络世界里流连。

父母的暴力阻止，只会让孩子感觉自己生活的乐趣甚至是生活的意义被剥夺了。他们对父母产生仇恨心理，甚至不惜伤害自己来威胁父母。甚至有无知的父母，选择把孩子送到像戒毒所一样、号称专门戒网瘾的机构去"受刑"。网瘾也许戒掉了，孩子的身心也被折磨得伤痕累累。

网络信息已经像空气一样渗透到我们生活中，无孔不入。与其单纯暴力阻止，不如"约法三章"，引导孩子合理使用手机。

先和孩子聊聊手机

相较于"再玩手机我就揍你了"，然后把手机砸个稀巴烂，父母不如对孩子说："这是什么游戏？真有这么好玩？快给我讲一讲。"父母从孩子的兴趣——手机切入，和孩子聊开了，孩子就会认同父母，卸下心防。

再达成明确的约定

规定越明确越容易被执行，比如，父母可以和孩子约定每天玩手机几小时，那些时间段可以玩手机，玩多久就需要休息一下，什么情况不能玩手机，不能用手机做什么，等等。

为了提高孩子的积极性，父母还可以和孩子约定奖励，比如，旅行、看电影或者送孩子一些他想要的礼物。有奖励自然也应有惩罚，如果孩子没有做到，父母可以没收手机一段时间，直到孩子的行为改善。

和孩子达成一致后，父母需要把约定写下来，放到显眼的地方，方便孩子随时查看。父母在督促孩子执行约定的时候，不要过于严厉，频繁使用否定句式，这会让孩子感到厌烦，从而放弃。父母可以轻咳、拍一拍孩子提醒他。

孩子关于童年最美好的记忆，不应该全部由手机组成。手机可以让孩子看到更精彩的世界，但它永远代替不了父母对孩子的爱和陪伴。

5. 面对孩子的不合理要求，不轻易妥协

烈日炎炎，孩子却要把自己捂得严严实实，看到冰激凌就站住不动，没写完作业也一定出要出去玩……很多时候，父母和孩子之间的相处就像一场战斗，一旦父母轻易妥协，那么接下来就是节节败退了。

李玫瑾教授说过："孩子的胃口是喂出来的，孩子的脾气是带出来的，孩子的无耻是百般迁就溺爱出来的。"如何毁掉一个孩子？只要当孩子提出不合理的要求时，不断妥协，满足他的愿望就可以了。父母不断妥协，但总有退无可退的时候。当孩子发现父母真的不能满足自己的愿望时，他就会怀疑父母，对父母的拒绝感到愤怒。

对父母而言，孩子的要求是很难拒绝的。父母拒绝孩子时，大多数孩子都会通过哭闹、绝食甚至是伤害自己的方式强迫父母妥协。这时候，如果父母妥协了，孩子也就学会了如何让父母屈服，进而变本加厉。

孩子提出不合理要求，可能只是是为了引起父母的注意，证明父母对自己的爱。在3岁左右，孩子的自我意识逐渐变强，他们会通过向父母提出不合理要求、让父母屈服来证明"我说了算"。而有些孩子进入"秩序敏感期"，他们坚持不做出改变，一定要父母同意自己的做法。

年幼的孩子不会考虑时间、场合是或否合适，自己的要求是否合理、有可行性。他们只会想尽办法让父母妥协。如果父母轻易妥协，孩子就会习惯以自我为中心，认为父母满足孩子是应该的。父母的轻易妥协，只会孩子想要做什么就不择手段地去争取。这样的孩子慢慢就会骄纵自私，他们的眼里没有他人和规则。父母的威严尽失，孩子自然也会越来越不服管教。

父母在面对孩子的不合理要求时一定要慎重。父母要既不轻易妥协，也不严词拒绝，要用有效的方法拒绝孩子的不合理要求。

温和、有原则地拒绝孩子

李玫瑾教授提出，在面对孩子的不合理要求时，父母要保证自己"不打、不骂、不说教、不走开"。父母在拒绝孩子时，要避免因为自己的言行而伤害孩子，不要和孩子硬碰硬，更不要对孩子进行道德绑架，父母要避免对孩子说出"你真是太不懂事了。""你怎么对得起我！"这类会打击孩子、让孩子怀疑自己的话。

父母要用平静的语气，温和地拒绝孩子。父母可以制定一个拒绝孩子的标准，和孩子说明什么情况下父母会拒绝他。同时，父母也要坚持原则，不要出现心情好就同意，心情不好就拒绝孩子的情况，父母的态度也要保持统一。

有理有据地拒绝孩子

当孩子向父母提出一项请求时，父母要从头到尾仔细倾听，然后对孩子说："我了解了，你让我想一想"。父母要仔细思考孩子的要求是否合理，如果不合理，父母要用孩子听得懂的话拒绝孩子，告诉孩子拒绝他的理由。孩子听到拒绝后一定会不满意，父母可以耐心地多重复几遍，陪着孩子直到他接受这个结果。

迂回地拒绝孩子

父母可以迂回地拒绝孩子，比如父母可以用其他事情转移孩子的注意力。父母可以说"我考虑考虑"，先安抚住孩子，等孩子自己忘记这件事。父母也可以给孩子提供另一种合理的选择，或者让孩子二选一。

父母也可以满足孩子的想象。比如当孩子想要一个冰激凌时，父母可以说："我真想买给你，可惜我不能，不然你可以慢慢地一口一口吃掉它。吃不掉也没关系，因为爸爸妈妈会帮你吃掉。"这样孩子就自己"脑补"出了满意的结果，心中的执念就会减少。

父母可以适当满足孩子的不合理要求，但不要轻易做出妥协。其实，无论是什么事情，父母和孩子之间都应该尽量避免出现"妥协"这种字眼。

6. 延迟满足，训练孩子学会等待

延迟满足，就是指人们为了在未来获得更好的收获，而自愿克制自己，放弃眼前利益。很多父母对于延迟满足的概念并不陌生，它起源于20世纪60年代，米歇尔教授设计了著名的"延迟满足"实验。

实验是这样的，研究人员找来了几十个孩子，让每个人都单独待在一个房间里。研究人员在孩子面前放了他们感兴趣的零食，比如，一颗糖果。研究人员告诉孩子们，他们有两种选择，第一种，立刻吃掉糖果。第二种，先不要吃糖果，等研究人员离开一段时间回来后，会给孩子第二颗糖果。

当时，有66%的孩子选择立即吃掉了糖果，而剩下的孩子则得到了两颗糖果。14年后，研究人员追踪参与实验的孩子的境况，发现没有立刻吃掉糖果的孩子，他们的学习成绩、健康情况都普遍超过立刻吃糖的孩子。于是实验得出结论，能够等待的孩子，自控力更加强大，他们未来的人生也会更加成功。

而父母们也找到了帮助孩子通往成功的"捷径"，软硬兼施、威逼利诱地训练孩子"延迟满足"各种需求。喜欢吃巧克力？那就不许吃。想要买手机？先考上第一名再说……

延迟满足的训练，确实可以帮助孩子冷静思考如何做才能让自己有更多的收获。学会等待的孩子同时也更能抵挡各种诱惑，心理成熟。但父母却忘记了在实验中，延迟满足是孩子自愿地结果，而不是孩子受他人影响做出的选择。父母的行为加剧了孩子内心的"匮乏感"，于是孩子在父母面前乖乖等待，但一旦自己独处就会加倍地"补偿"自己。甚至，很多孩子看不到满足需求的可能性，觉得父母是在剥削自己，索性就直接不买账了。

周六，小文和妈妈一起逛商场。小文看到一个娃娃非常喜欢，对妈妈说："妈妈，我想要。"妈妈看了看，说："你还记得今天我们是要来买吃的吗？等买完了吃的，我们看钱够不够，如果够的话，妈妈就给你买，好不好？"小文有些不高兴地点点头。结账时，妈妈对小文说："钱不太够了，如果买娃娃，我们只能走回家，如果今天不买娃娃，下周末妈妈不仅给你买娃娃，再送你一个小蛋糕。你选一个吧。"小文想了想，选择了后者。

训练孩子延迟满足，不是要父母压抑孩子的欲望，一味克制。而是要父母和孩子进行有效沟通，为孩子分析利弊，引导孩子做出选择。孩子出于自己的意愿选择等待，在需求被满足时，等待的煎熬就会变成成就感。渐渐，孩子就会了解等待的价值，并养成耐心、忍耐等品质。

4岁以前孩子的安全感还没有完全建立，如果此时父母延迟满足孩子的一些需求，很可能会刺激到孩子的情绪。而科学研究现实，一个儿童会经历多个儿童敏感期，父母需要时刻关注孩子的情绪变化,慎重使用"延迟满足"。

和孩子玩闯关游戏

年幼的孩子没有耐心是正常的,父母要在延迟满足孩子需求时,要用各种方式激励孩子坚持下去。父母可以事先了解孩子的愿望,给孩子设置一个闯关任务,比如,做家务、学习、运动等。如果孩子完成任务,父母就可以满足孩子的愿望。父母可以给孩子画一张表格,孩子完成了一个任务就画一个笑脸,集齐几个笑脸就实现愿望。父母让孩子亲自画笑脸,这样有利于激励孩子坚持下去。

父母在设置任务之前要和孩子商量好,争取孩子的同意再实行,父母要鼓励孩子通过自己的努力实现愿望,让孩子在等待中锻炼能力。

给孩子等待的理由

父母可以隔个两三天对孩子实施一次延迟满足,比如,孩子想吃零食,父母可以对孩子说:"爸爸妈妈正在做事,可以等我一分钟吗?"父母可以根据孩子的年龄和心智发展情况,决定孩子等待时间的长短。在孩子小的时候,父母可以简单地向孩子解释让他等待的原因,但等到孩子长大后,父母就需要给孩子分析利弊,引导孩子自觉选择等待。

父母可以适当地增长孩子的等待时间,由 1 分钟到几分钟,由几分钟到几十分钟,再到一两小时,让孩子逐步适应。

父母教会孩子去等待的同时,父母也要等一等孩子,用耐心和爱帮助孩子慢慢进步。

第七章 提升专注力,帮孩子进入心流状态

1. 不随意打扰，保护孩子的专注力

著名教育学家蒙台梭利说过："父母除非被邀请，否则不要轻易打扰孩子。父母要为孩子打造一个以他们为中心的世界，让他们可以心无旁骛地做自己。"很多时候，孩子看似是在玩耍、恶作剧，或者做一些很无聊的事情，但其实他们正在专注地思考、尝试。但父母却不顾这些，他们常常打扰孩子。比如，看孩子学习认真，父母一高兴就给孩子送水果、夸赞孩子。孩子犯了一点小错，父母就要立刻打断孩子，对孩子一通批评指正，这反而不利于培养孩子的专注力。

父母频繁对孩子下达指令、进行干扰会让孩子感到不被尊重，他们会产生烦躁、挫败、抵触等负面情绪，并且直接发脾气宣泄出来。父母的打扰也会造成孩子注意力分散，逐渐对事物的兴趣逐渐消减。时间久了，稍微遇到一点困难就会急躁，孩子就会轻言放弃。

法国生物学家乔治·居维叶认为："注意力就是一扇窗户，有了它，知识的阳光才能照进来。"孩子是天生的专注力高手，在襁褓中的婴儿就已经具备了专注力。随着年龄的增长，孩子的

专注力时间也会不断加长。

蒙台梭利在《童年的秘密》中讲述了一件亲眼所见的事情：幼儿园里，一个 3 岁左右的小女孩把各种圆柱体放进小孔里，然后再把它们取出来。她全神贯注，丝毫没有注意到在她旁边走动的老师和其他孩子。她就这样一次一次，一共重复了 42 次才心满意足地停止。

在江苏卫视的节目《了不起的小孩》中，年仅 4 岁的女孩谢宛彤，连续 7 小时，不吃不喝完成了一幅巨型拼图。这种专注程度，连成年人都达不到。

年幼的孩子总会满怀趣味地看待身边的事物，当某种事物吸引了他的注意力时，他会把所有注意力都投入其中。蒙台梭利认为，孩子的这种"工作欲"是本能使然。孩子在不被打扰的情况下，全情投入地做一项在成年人眼中"没有意义"的工作，是在实现自我、塑造自我，这是孩子内在成长的过程。并且，孩子在这个过程中不仅不会感到疲倦的，还会感到非常愉快。

专注力是孩子成长的重要因素。那些专注力被保护得好的孩子，在未来会比别的孩子具有更多的优势。所以，当孩子正在专心致志做某件事时，父母不要轻易打扰。

孩子睡醒后，不要马上抱起

3 岁之前，如果孩子在睡醒后没有哭闹，很安静地看看这儿、看看那儿，不要马上抱起来，逗弄他。这是孩子在通过观察获取周围的信息，他的大脑正在思考。如果孩子醒后在吃手吃脚，或者玩身边的玩具,那是他在通过四肢感知世界,不要轻易打扰他。

孩子探索,不轻易阻止

如果孩子出现以下行为,父母可以在仔细观察后再决定是否干预。

孩子伸手触摸某样东西。

孩子学会走路后到处走来走去。

孩子玩自己的小手、小脚,或者吮吸手指、脚趾。

孩子对着某一事物发呆。

孩子摆弄特定的物件,或者做出相似的动作。

孩子模仿其他人的动作,比如扫地、倒水、自己拿筷子等。

因为孩子的行动能力有限,孩子的探索和模仿行为常常只是张嘴叫两声、跑跳,或者制造混乱,父母要仔细观察孩子的行为,不要随意打扰。

给孩子提供适当的支持

孩子在产生兴趣后就会不断重复某一动作,但如果孩子的行为受挫,就会逐渐失去兴趣,或者转为执拗。因此,父母可以在孩子受挫时,询问孩子是否需要帮助,引导孩子完成这种行为或者动作。父母在帮助孩子的规程中,不要直接告诉孩子怎么做,给孩子一些点拨就好。如果孩子没有学会,也不必催促,父母可以多做几次示范。

给孩子解决问题的机会

当孩子遇到某个问题时,父母如果觉得孩子有能力解决,或者可能解决。那么，父母就可以不用一直关注孩子，让他自己面对这些小麻烦，或者拜托孩子做某事。比如，拿到某件东西，打开瓶盖等。

孩子的世界成年人是无法介入的，否则只会让孩子受伤。不随意打扰孩子，就是在保护孩子专心建设自己的世界。

2. 巧用"番茄钟"，让孩子专注写作业

孩子每天都希望尽情地玩游戏、看动漫、和好朋友玩耍……但时间只有这么多，还有作业需要完成。如果孩子拖拖拉拉，磨磨蹭蹭，一会上厕所，一会吃水果，要么就是削铅笔，溜号，写作业的时间就会被无限拉长。

其实，老师留的作业量都不会需要孩子熬夜完成。尤其是减负后，作业量更不多。如果孩子总写不完，说明孩子不够专注，导致效率有问题。父母可以利用"番茄钟"来教孩子专注写作业。

弗朗西斯科·西里洛大学过得浑浑噩噩，书读不进去，生活更是一团乱麻。为了解决这个问题，他在厨房找到了一个酷似番茄的定时器来监督自己。他从 1 分钟开始，测试到 120 分钟，最终发现 25 分钟是一个专注和干扰之间的平衡点。

1992 年，弗朗西斯科·西里洛发明了"番茄钟"工作法。具体的实施过程是计时器设置为 25 分钟，开始做任务，期间不许做其他事情。25 分钟后，计时器响起，可以休息 5 分钟，如

此反复进行。如此4个番茄钟之后,可以休息稍微长一点时间,15~30分钟。"番茄钟"工作法的核心要旨是,让人们在25分钟内集中注意力,排除一切干扰,全身心地投入工作。使用了番茄钟以后,工作效率可得到显著提高。

父母也可以利用番茄钟,让孩子在设定的时间内,专注于写作业,而不是陷入对完成作业后的畅想:"写完作业就能玩了。""妈妈说晚饭有红烧排骨。""番茄钟"工作法还能让孩子把学习任务拆解,每完成一组"番茄钟",孩子就会多一点成就感,进而会更加卖力地完成任务。

而且,"25分钟专注做事,5分钟放松"的模式不会让孩子因为长时间思考而用脑过度,达到劳逸结合的效果。科学研究表明,成年人集中注意力的时间在25分钟到30分钟,而儿童能够集中注意力于比如,写作业、学习等比较"费劲"的事的时间,大致如下:

5岁到6岁的孩子,可以集中注意力的时间为10到15分钟;

7岁到10岁的孩子,可以集中注意力的时间为15到20分钟;

10岁到12岁的孩子,可以集中注意力的时间为25到30分钟;

12岁以上的孩子,可以集中注意力的时间可以超过30分钟。

"番茄钟"工作法的时间设置不是一定的,每个孩子的专注时间有一定差别的,父母可以先让孩子按照"25分钟写作业,5分钟休闲"的模式坚持一两周,观察一下,然后再调整出一个适合孩子的专注时间。

但"番茄钟"不是写一会作业，休息一会这么简单，父母想要把"番茄钟"工作法发挥到最好效果，可以参考以下几点。

做好准备工作

父母可以让孩子关闭所有让孩子分心的东西，比如，手机、电脑、电视和课外书等。父母可以先让孩子静一静心，再写作业。父母要先和孩子达成共识，一旦开始计时，孩子就要专心致志地做作业。即使有思维发散的时候，孩子也要强迫自己立刻把注意力集中在作业上。

一次只做一件事

父母要告诉孩子，不要试图在一个"25分钟"内做完许多件事，或者暗暗计划几组"番茄钟"之后，要完成多少项作业。孩子一段时间内完成多个任务，反而会分散注意力。

父母要让孩子只集中注意力努力写眼前的作业，可以提前教孩子预估作业的难度、需要完成作业的时间，并把作业分为无数个小任务，决定完成的顺序。

把难题放到最后

父母要教孩子把作业中最难的问题、不会的问题放在最后，不要因为一个问题而浪费时间。孩子看到时间不断流失，自己的作业却没有进展，他们会变得更加焦躁。当孩子做最后的难题时，父母可以给孩子规定一个时间。如果时间过去孩子还是没有做出题目，父母可以让孩子暂且放下这道题或者给孩子提供适当的点拨，引导孩子完成作业。

在孩子写完所有的作业后，父母可以引导孩子总结"番茄钟工作法"的使用情况。比如，孩子一共完成了多少个"番茄钟"，孩子在每个"番茄钟"中会完成多少任务，做好调整，保证孩子可以保持高度的注意力。

父母巧用"番茄钟工作法"，让孩子专注写作业。科学的方法会让孩子更轻松地学习，更快乐地玩耍。

3. 积极预习，教孩子带着目的和问题去听课

预习的目的在于找到不明白的地方，带着问题去听课，这可以让孩子在课堂上表现更主动，也更有收获感。同时，因为听课时有的放矢，也更容易保持专注。

预习一般有三种模式：

一、在寒暑假预习下学期要学习内容的学期预习。

二、孩子利用周末或者节假日预习章节内容的周预习。

三、孩子上课前一天或者前几分钟进行的课前预习。

第一种或第二种模式，虽然可以帮孩子构筑宏观的知识体系，但孩子很可能因为时间过长而遗忘知识点。而第三种模式则可能因为预习时间过于急促，导致孩子无法达到预期的效果。所以，如果条件允许，父母可以让孩子尝试三种模式联合，系统而有针对性地吸收将要学习的知识。

很多父母和孩子都不重视预习，孩子作业都写不完，哪里有

时间去预习？但不预习，孩子对老师即将要教授的内容就一无所知，只是单纯地听讲，没有思考、理解的过程，也没有什么课堂参与感，很容易就溜号或者昏昏欲睡。孩子听课的质量不高，就只能课下花费更多的时间去理解、吸收，这不仅拉低了写作业的效率和质量，还会产生挫败感，降低学习的积极性。

教科书中一般会用旧知识导入新知识，孩子通过预习新知识会发现有哪些旧知识已经被遗忘或者没有掌握，立刻查缺补漏。这样孩子在听课时就不会分心琢磨旧知识，以至于无法跟上老师的节奏。在听讲时，预习的孩子会立刻意识到自己没有学会哪个知识点，及时向老师、同学求助。预习，不仅可以让孩子获得良好听课效果，也会让孩子养成专注、自主学习的好习惯。所以，即使孩子再忙，父母也要督促孩子好好预习。

妍妍眼看就要上小学四年级了，老师的上课进度加快，妍妍渐渐跟不上了。妈妈平时只负责监督孩子完成作业，并不管她有没有预习。但妈妈发现妍妍几乎记不住上课的内容，作业写得非常慢，于是妈妈开始陪着妍妍一起预习。每天，妈妈都会让妍妍针对预习的内容提一两个问题，看她有没有不理解的地方。妈妈还给了妍妍一本字典，让妍妍先读一遍课文，再去查生词记在本子上。这样坚持了一段时间，妍妍就养成了每天预习的好习惯。

孩子刚开始预习时，也许会因为不知道如何预习而应付了事。因此，父母一定要耐心地引导孩子，让孩子掌握具体的预习方法。

预习分为5个步骤：第一步，浏览，孩子大致浏览一遍将要学习的内容，标记感到有难度的知识。第二步，朗读，孩子逐字逐句的朗读、理解有利于加深对知识点的记忆，找出没有注意到的重难点。第三步，思考，孩子要仔细思考做过标记的地方，联系新旧知识点。第四步，查找，孩子可以利用各种教辅材料帮助自己理解知识。第五步，记录，孩子把无法解决的问题，或者很难理解的知识记录下来，这样上课时，孩子就可以有针对性地听讲。

那么，父母具体要怎么做才能让孩子养成预习的好习惯？

找准开始的时机

三年级是正式培养预习习惯的好时机，父母不要忽视这一关键时间段。此时，孩子已经熟悉了学习的各个步骤和方法，也能够意识到预习的重要性，有养成预习习惯的基础。

教孩子控制预习时长

父母教孩子合理安排自己的预习时间。比如，如果今天作业多，预习时间就少一点，如果剩余时间多，父母就可以让孩子多预习一些内容。时间充裕的话，父母可以让孩子每一学科预习30分钟左右。

利用表格和思维导图预习

父母可以画一张预习表格，让孩子把难以理解的知识点和重难点填进表格，并在表格下方的空白处提出一两个问题。孩子带着这张表格听讲，每学会一个知识点就在表格中打个钩，这样孩子就能直接发现自己的薄弱知识点。父母还要问孩子之前的问题是否解决了，如果没有就及时请教老师。

父母可以教孩子一边预习一边画思维导图，理解教科书中知识点之间的逻辑关系和前后顺序。这样即使老师讲课跳跃，或者孩子一时慌神，他也可以立刻跟上老师的思路。

"凡事预则立，不预则废。"父母教孩子积极预习，就是让孩子能够更加专注地听课，获得更好的学习体验。

4. 增加专注力的运动，一定要坚持

科学研究表明，适当的运动有助于提高孩子的专注力。美国伊利诺伊大学进行过一项实验，研究人员随机选取了20个9岁的孩子，第一次让孩子休息了20分钟后，进行了一系列的提问。第二次让孩子步行20分钟，再对他们提问。最后发现，孩子在参加完运动后，会不容易受干扰。这个结论同样适用于学习，运动后的孩子往往更容易投入学习，对知识记得更快，更牢固。

能够增加专注力的运动非常多，比如，游泳。游泳时，每一次入水都带有清晰的目标，孩子会不自觉地注意游泳的距离、速度、肢体摆动的幅度或者呼吸的节奏。入水的潮湿和出水的干燥也会刺激到孩子的神经，从而增加孩子的专注力。

奥运史上获得金牌最多的游泳运动员迈克尔·菲尔普斯，他从小就患有"注意缺陷多动障碍"，也就是我们所说的多动症。父母为了缓解他的病情，提高他的注意力，将他送去学习游

泳。数年之后，迈克尔·菲尔普斯不仅病情得到缓解，还成就了事业。

此外，跳绳、滑轮、乒乓球、羽毛球和网球等小球类运动，以及武术、瑜伽、体操、拳击、击剑、射箭等，都有利于提高孩子的专注力。

培养孩子的专注力，不必只选择一个运动项目。有研究证明，多元化的运动则会在一定程度上让孩子爱上运动、坚持运动。如果让孩子过早接触单一的运动项目，很容易导致运动过量引起身体损伤。

关键是如何让孩子爱上运动？最好的方法当然是父母自己先爱上运动。

妈妈很喜欢跑步，她经常带着女儿悠悠一起跑步。悠悠跟在妈妈后边，喘气声越来越大，慢慢停下了脚步。妈妈没有听到女儿的脚步声，一回头发现悠悠已经坐在地上了。妈妈跑到悠悠身边说："刚才我们跑得太快了，剧烈运动之后不能坐在地上，妈妈拉你起来，我们慢慢走一走。"

悠悠边走边说："太累了，我跑不动了，不跑了。"妈妈说："好，那我们先休息一会。"妈妈带着悠悠坐了一会说："妈妈休息好了，你看妈妈跑，休息好了就来找妈妈。"

过了一会，悠悠看着妈妈一边跑，一边朝她招手，便又朝着妈妈跑去了。

父母自己享受运动和流汗，孩子自然也不会觉得辛苦。就算父母自己没有特别热爱的运动,也要抽时间陪孩子一起运动。父母的陪伴和鼓励会激励孩子坚持下去。当孩子度过了最初的辛苦和不适应后,渐渐就会体会到运动的趣味,爱上运动。如果刚刚开始孩子就想要放弃,父母不妨引导孩子坚持一两个月,看看孩子是否转变态度,再决定要不要让孩子坚持下去。

爱上一项运动也许还不算难,难的是坚持。要让孩子坚持运动时,父母可以参考以下几点。

逐步接触运动

孩子3岁之前,父母只需要让他做一些简单的运动,比如摆动四肢等。

如果孩子在3岁到6岁,父母可以锻炼孩子的走、跑、跳、投。在这之后,孩子就可以学习专项运动了。另外,孩子在7岁到8岁时也可以接触团体运动。

避免运动损伤

运动过度会造成运动损伤,经常发生在孩子身上的运动损伤有扭伤、拉伤和骨折,这大多是由于不正确的运动动作和运动过度造成的。

父母需要购买适合孩子的运动装备,并根据孩子的发育情况随时更换。开始运动前,父母一定要让孩子做热身运动。运动途中,父母可以让孩子休息一会,防止疲劳过度。父母还需要注意天气的变化,天气过冷、过热或者路面湿滑都有可能让孩子受伤。孩子在运动过程中,如果出现身体疼痛的情况,父母要让孩子立刻停止运动，必要时可及时送医。

很多运动都能够增加孩子的专注力，开始很简单，但坚持下去就很考验孩子的意志力了。而父母就是要尽量多地让孩子接触运动，引导孩子坚持下去。

5. 好好休息，才能专注学习

很多学霸不仅把学习轻松搞定，还能按时睡觉，各种兴趣爱好也没耽误。但有些孩子，学习非常努力刻苦，白天学，晚上学，周末假期也不休，就是成绩不见提升。其实，学习拼的不只是时间，更是效率。

在专注力涣散的情况，学习的效果可想而知。就算在书桌前正襟危坐，全神贯注地盯着书本，大脑却可能不在状态，对于所学知识根本没往心里去。相反，在大脑的学习模式中，如果专注力在线，就会在接受知识的时候，迅速把知识内化进心。就像激光笔，会发出细细的具有穿透力的光，把大脑照亮。

专注力的学习模式不仅思路敏捷，还善于搜寻之前用过的经验和方法，但非常消耗能量。生理学研究表明，大脑活动基本就是在兴奋和抑制之间来回转换。因此，在大脑高速运转一段时间后，就需要放松休息。学习好的人，不仅仅擅长专注学习，还擅长休息，能够轻松地在学习和休息之间切换。

美国伊利诺伊大学研究发现，人们的大脑在经过短暂的休息之后，可以集中注意力更长时间。也就是说，当你走神或者倦怠的时候，休息一小会能够延长人们集中注意力的时间。大脑的新陈代谢十分频繁，它需要约占全身的四分之一的氧气来维持运作。孩子在进行长时间高强度的脑力劳动后，氧气供应就会跟不上大脑需求，导致流经大脑的血量不足，造成大脑疲劳。具体表现为精神涣散、反应迟钝、记忆力下降、神经衰弱等。

让孩子合理安排学习、劳动、休闲和休息时间，保证大脑休息好，是专注的保证。最典型的休息就是睡眠，保证每天有足够的睡眠是让孩子集中注意力的前提。孩子的大脑在学校已经劳累一整天，如果父母不保证孩子有充足的睡眠时间，那么第二天早起，孩子就会精神萎靡。很多父母会选择让孩子熬夜写完作业，其实只要在这个过程中给孩子10来分钟的休息时间，孩子的效率就会大幅度提高，做到在更短的时间内完成作业。

每个阶段孩子所需的睡眠时间都是不同的：

1岁到2岁的孩子每天要睡13到14小时；

2岁到4岁的孩子每天大约要睡12小时；

4岁到7岁的孩子每天要睡够差不多11小时；

7岁到15岁的孩子每天需要睡足9到10小时。

一般认为孩子必须要在10点之前进入深度睡眠，所以父母至少要让孩子八九点钟上床，早早哄他睡觉。父母要坚持下去，久而久之，孩子养成固定的生物钟，到时间自然就会困。

父母要注意控制孩子白天的睡眠时间，以防孩子睡多了晚上睡不着。但如果孩子精力旺盛，父母可以让孩子在白天多做一些运动或游戏，把他们的精力耗光后，孩子自然就会疲惫困倦。同时，父母也需要保证孩子的睡眠质量。父母在睡前和孩子打闹会让孩子精神亢奋。给孩子摄入过多的饮食会让孩子消化不良，不仅难以入睡，还会让孩子中途起夜。孩子睡前精神平缓放松，睡眠质量就不会差。舒缓的音乐、低低的声响和温馨的床头故事等，这些都能让孩子在一定程度上放松下来，快速入睡。

当然，休息的方式也不只有睡觉，只要是能让孩子放松的事情都可以算作休息。比如，看书、运动、户外玩耍、堆积木、发呆等。但像沉迷打游戏、刷视频这些活动，不但不能让大脑休息，还会让孩子越来越疲惫。

那么，父母究竟要怎么做才能让孩子休息好呢？

带孩子做深呼吸放松

深呼吸可以给大脑供给足够的氧气。父母可以让孩子闭上眼睛，什么也不要想，进行深呼吸。这在给大脑减负的同时，也能给大脑提供大量氧气。父母可以带孩子找一个开阔、安静的地方，或者去户外闭上眼睛深呼吸。父母让孩子深呼吸10分钟左右，孩子的大脑就能休息好了。

利用碎片时间休息

父母可以让孩子利用坐车或者课间等碎片时间好好休息。父母可以帮孩子定个10到15分钟的闹钟，让孩子简单地小憩一会。小睡不仅能让大脑停止理性思考，还会减少分泌与压力有关的信息素。孩子醒后神清气爽、集中注意力。父母也可以让孩子养成午睡的习惯，午间休息 10 到 20 分钟，保证孩子下午的专注力。

父母想要孩子提高专注力，不仅要教会孩子如何学习，也要教会孩子如何休息。毕竟，只有睡得好的人第二天才会精神满满地起床。

6. 停止唠叨，让孩子集中注意力

很多父母总是会担心孩子没有专心学习，或者哪里做得不够好，便反反复复地唠叨。父母可能觉得这么做是对孩子好，却不知道当一个声音反复在耳边响起时，孩子的注意力就很难集中了。

琪琪在叠晾干的衣服，妈妈说："你这样不对，要先把肩膀的地方重叠起来，这样才不会皱。"琪琪听妈妈的话，继续叠。妈妈看了看，还不满意："你要像妈妈之前那样叠，要整齐。"琪琪努力把衣服叠整齐，妈妈说："看，是不是比之前好多了？先从肩膀开始重叠，记住了。"琪琪点点头，妈妈站在他身后看着她叠衣服，说："对，肩膀叠得正一点。"琪琪说："妈妈，我知道了，你说了一万遍了。"妈妈说："我这是提醒你，你都不会叠衣服，不管是外套还是 T 恤，都要把肩膀的地方整整齐齐地重合……"琪琪不耐烦了，说："不叠了，你自己来吧。"

在家庭生活中，这样的场景并不少见。比如，孩子在吃饭，父母问:"喝粥吗?"孩子拒绝,父母就说:"刚煮的粥,可香了。""你得喝点粥,养胃。""补充水分,我给你盛一碗。""多少喝一点,今天妈妈用砂锅熬的,你尝尝。"此时,父母的唠叨密集地入侵他的大脑,每一句话都需要他做出反应,他的注意力已经漂浮在唠叨和原本的思绪之间,再难集中了。

唠叨可以说是一种"爱"的表现形式,但这种缺乏尊重和信任的交流方式,很有可能会降低孩子的倾诉欲,让父母失去了解孩子的机会。大多数的孩子都会把唠叨当作控制和强迫,如果父母孩子在吃饭、玩耍、学习等方方面面长期唠叨个不停,一旦超出孩子的心理承受范围,那孩子必然会感到厌烦。在焦躁情绪的支配下,注意力只会越来越难集中。

父母的唠叨大多是因为看不惯孩子的做法,忍不住指出他的问题并纠正。没有人喜欢一直被人说自己这里不好,那里不行。如果这么做的人是父母,那么孩子就会产生"我做什么都是错的。"的心理暗示,这会让孩子每做一个动作就审视反思,长此以往,注意力分散就会成为一种固定模式。

有心理学研究表明,孩子长期听到反复重复的语言时,他在听觉上的敏锐程度会不断被削减。也就是说,有些话孩子虽然听见了,但大脑却无法及时处理,信息也就不能被孩子接受。这也可以理解为,孩子为了保护自己而屏蔽掉有伤害性的话,也就是把父母的话当作耳旁风。

父母对孩子的教育应该是放松而有效的,而不是对每一件不认同的事都指手画脚，像个 3D 音响一样围着孩子循环播放。倾听比唠叨更容易得到尊重和接纳，简洁而有效的建议也更容易被孩子接受，也能给他更多的空间锻炼专注力。那么，父母要如何做才能不用唠叨，又给孩子正确的指导呢？

用规矩代替唠叨

父母可以制定家庭规则来代替唠叨，保证孩子按时上床睡觉、好好做作业、做家务。父母要把家庭规则写得简单易懂，不要过长或者啰唆，这既不方便记忆，也会打消孩子的积极性。

规矩确立后，父母可以把它写在纸上，贴在醒目的地方，确保孩子可以时时看见。此时，就不需要反复叮嘱孩子了，只要孩子违反规则，父母就可以按事先和孩子商量好的，给他一些惩罚。另外，父母要确保自己说到做到，绝不妥协。因为一旦妥协，规则就会失去权威性，开始不断尝试违反规则，父母也只能再次开始唠叨。

事前讲明确，事中不打扰

当孩子开始做某件事之前，父母要提前把所有的可能性和要求都讲明白，确保孩子听到且记住。父母可以问孩子记住了没有，如果他没记住可以再重复一两遍。之后，父母就可以放心地让孩子自己做了。当孩子进入状态后，只要没有求助，即使发现他做错了，父母也不要去打扰他。

说话不跑题、不重复

很多家庭都会出现这样状况，父母看到孩子哪里做得不好，便指出来。但很多父母说着说着就想起了其他事情，开始翻旧账，或者拿别人家的孩子来对比，于是开始反反复复地说教。因此，父母在指出孩子的不好前，可以提醒自己，只说这一件事，可以提前打个腹稿，说完一遍立刻停止。

另外，父母说完之后给孩子解释的机会，倾听他的真实意图。一件事提过之后，父母要保证两三天内不在提及这件事。

话在精而不在多，唠叨填满生活时，无论父母还是孩子都会感到折磨。换一种更轻松的沟通方式，父母和孩子都能更轻松地向前走。

第八章 微习惯，让孩子把自律变成生活方式

1. 小到不可能失败的事，坚持就有收获

把每天做 100 道口算题缩减成每天做 1 道，把每天写一整页的日记缩减成每天写一行字，把每天坚持跑操场 5 圈缩减成每天先跑半圈。像这样把一个大目标削减到与之前相比微乎其微的步骤，每天坚持着去完成，就叫微习惯。

微习惯是一种很小很小的积极行为，它与孩子的能力上限相比，小到孩子无须费力就能轻松完成。面对它，孩子没有任何心理负担，不需要父母督促，也能够完成。微习惯是成功率最高的自律的入门方法，相比短时间突击大量任务，持久的改变其实更简单。

万事万物都是这样通过一点一滴的累积得来的。哪怕是每天一点点的行动，积少成多，最终也会迎来蜕变。当孩子感到一个目标过于遥远难以达成，产生"没劲""想要放弃"之类的想法时，不妨与孩子做一个小小的约定，将目标拆解，从微小处做起。

每周写三篇作文，似乎很难，那就从每天写一句话开始做起；每天锻炼半小时，看上去很难坚持，那就从每天做一个俯卧

撑开始；每天多做一张卷子，感觉压力很大，那就约定好每天只多写一道题。

养成一个习惯从一件小事开始做起，要培养孩子的自律，便要让孩子从第一个小习惯开始坚持。如果将毫无作为比作是 0，那么再微小的行动都至少是 1，而后的践行与坚持便是 1 后面不断累积的力量。

一位妈妈因为儿子的英语成绩发愁不已，听了名师讲座得知要学好英语，便一定要加大阅读量。于是妈妈就让儿子每天阅读英文书籍半小时，一段时间以后妈妈又将要求改为让儿子每天读 45 分钟，周末每天读 1 小时。即便这样，这位妈妈也总是一脸焦急，生怕儿子读的少了，比别人差得更多。一个月后，儿子的成绩没能得到提升，妈妈便让儿子停止了阅读英文书籍，只看英语教材了。其实，只要孩子能坚持每天阅读英文书籍，哪怕只有 5 分钟，长期积累下来，也一定会有进步的。

我们在设定目标的时候经常会忘记考虑孩子的动力与精力水平，而是假设真正到了行动的时候，孩子肯定能够维持当前的精神和精力状态，一定能够坚持。但事实上孩子们在面对已经变得令他难受的目标时，很少能赢过想要放弃的大脑。从小到不可思议、不可能会让孩子产生退缩感和挫败感的事情开始做起，便是要一起骗过大脑，赢得意志力的比赛。甚至因为目标实在太过微小，便会促进孩子的好胜心和满足感，在不知不觉间超额完成，从而一步步积累到能够完成原本的大目标。

利用打卡培养微习惯

现在很多学习软件上都有"打卡"这一功能。背了10个单词,打卡;记了一条概念,打卡;背下来一首古诗词,打卡。当单一科目的打卡日历越来越满,完成了周任务、月任务,便会提醒再开一个其他科目的打卡日历,直到打卡列表的内容也会越来越丰富。

帮助孩子培养微习惯,需要循序渐进。让孩子在打卡的成就感中学会享受过程,孩子便会在不知不觉中做到更多。到那个时候,微习惯的坚持就不再是被动,而是孩子主动的选择。

选择更"小"开始行动

如果不确定为孩子先选哪个习惯来培养,就选择更小的那个吧。从微习惯出发培养自律的关键就在于,将这种小到不会失败的行动放在生活里,每天不断重复。

如果孩子在养成微习惯的过程中感觉到抗拒,那就想一些有创意的方法让行动变得越来越小。比如,孩子今天抵触做一道数学题的目标,那就写几个数字,或者更简单的,指两个数字让他念出来;如果孩子的微习惯是每天写一句话,那么便可简化目标,将本子摊开,再拿起笔,哪怕只是写一个字。当然,因为微习惯已经"小得不可思议"了,所以大部分时间都不需要这么做,只是孩子在遇到极端抗拒情绪的时候,可以用这个方法。

习惯的养成不是一朝一夕就能确定下来的事情,我们需要多一点耐心,不要急于见成效。当孩子养成了一种微习惯,并从中获得成就感后，便会激发出孩子坚持的兴趣，从而会自发地想要去坚持更久，自然而然地演变为一种自带内驱力的习惯。

2. 与孩子共同制订微习惯计划表

父母和孩子一起制订微习惯养成的计划，重点在于让孩子参与进来，能够表达自己的想法，而不是父母的过度操控、越俎代庖。

许多父母和孩子都有过这样的经历。每到开学的时候，父母便会给孩子制订学期计划；等到寒暑假的时候，又会制订假期计划，但这些计划的完成度却并不高。除了开始几天还有效果，越往后便越疲乏，最终不了了之，说好的计划甚至可能连一半也没有达成。每到这时，父母往往会责备自己与孩子不够自律，甚至还会推翻孩子的计划，重新按照自己的意愿给孩子制订新的计划。结果，孩子更加排斥，计划再一次无效。

之所以会有这样的"无效计划"，很大一部分原因便是孩子没有参与度。父母在单方面给孩子制订计划的时候，很少会考虑到孩子真实的感受。即便父母认为这样的计划十分合理，但孩子也会感觉被强迫，被控制，而不愿意去认真执行。

小蒋的妈妈自小蒋上学后便一直为他的学习而感到担忧，因为小蒋总是不愿意好好写作业，每次都要拖到父母真的生气了才会认真去完成。妈妈想要培养小蒋好的学习习惯，但无论是她陪着孩子做作业，或是强调"妈妈会检查的"，都无济于事，反而让小蒋对做作业这件事更加抗拒。

其实，对孩子而言，作业只是老师和父母布置的任务，孩子对待这件事往往是置身事外的态度。只有当孩子从被动者的角度转变为主动者的角度，他才会有积极参与感，心甘情愿地去完成"自己给自己定下的计划"。要让孩子向着主动者的方向转变，就是要让孩子体会到参与感。就好比让一个总是违反纪律的孩子去当纪律委员，他的责任感就会被激发出来，不好意思再扰乱纪律。和孩子一起做计划，给予孩子自主决定的权力，便会激发孩子的胜任感，让他能够主动而认真地对待计划。

计划的内容需要父母和孩子一起商量着完成，在沟通的过程中，父母首先便要放下超出孩子能力太多的高期待，不要太过焦虑，适当调整对孩子的期望，接纳孩子的真实状况。许多父母都知道应当尊重孩子，但他们却很难真正做到。就是因为父母对孩子的期望值过高，导致父母面对孩子的真实情况总会有失望的情绪。这种情绪传递给孩子，便只会引起不必要的冲突。

在和孩子商量计划内容的时候，要注意让孩子感受到自己的独特性和重要性。比如，在和孩子商量微习惯计划先从哪一项开始时，不如先询问孩子的意见，看看孩子是更喜欢数学还是英语，是更愿意每天多背一首诗还是愿意每天多看一页书。

如果父母是真心想让孩子参与制订计划，就要认真对待孩子自己的意见。只要孩子安排相对合理，哪怕和父母的预期有点偏差，也应表示支持。父母要让孩子表达自己的想法，并予以肯定，不管最终定下来的计划是什么。关键在于孩子参与了制订计划，感到自己受到了尊重，他们才会自主去完成。

适当询问孩子的意见

有时候，孩子的内心会比较迷茫，不太清楚自己究竟想要的是什么。所以，父母要与孩子深入交流，了解孩子真实的想法，根据孩子的实际情况，帮助孩子拆解目标，确立一个切实可行的计划。在这个过程中，切不可忽视孩子自己的意愿，即便是最小的微习惯，也要和孩子商量着来，以增加孩子的参与感和认同感。

尝试一周弹性计划

万事开头难，我们可以帮助孩子从一个习惯开始，坚持微习惯一周的时间，然后再进行评估，给自己和孩子一个试错的机会。

一周后一起做个评估，询问孩子在这一周里是否感到乏力？每天都能轻松地比原定计划完成得更多吗？完成这些目标是开心还是感觉有压力？有没有信心坚持下去？最后再和孩子一起反思，或者调整计划。

父母在制订微习惯计划的同时，还可以同时设定奖惩规则，以更好地激发孩子的内驱力，为孩子长期坚持微习惯计划做好心理建设。

3.把微习惯融入孩子的日程安排

培养一个习惯,最大的难点在于长期坚持。只有把微习惯融入孩子的日程安排里,让孩子将微习惯变成和刷牙、洗脸一样的日常,才能让孩子在不知不觉中养成习惯,坚持下去。

从小迪 8 个月的时候,妈妈就抱着他开始了亲子阅读,一直在坚持。妈妈感慨地说,小迪仍旧是个普通的孩子,但回头看,最大的好处就是孩子收获了坚持阅读的好习惯。小迪上学后,课余时间少了很多,回家还要写作业,但小迪仍然坚持每天都要读一会书。

这么长的时间坚持下来,阅读对小迪来说早已融入了日常生活之中。像是吃饭睡觉一样自然而然的习惯,不会给孩子带来负担和困扰,也不需要孩子动用意志力去坚持,而是他自发完成的一种惯性行为。

一般培养习惯有两种常见的依据,一种是根据时间,另一种则是依据行为方式。如果是根据时间来培养习惯,父母可以让孩子每周六早上 9 点开始读英语背课文,下午 3 点开始做数学卷子。如果是根据行为方式来选择习惯,父母可以让孩子吃完饭后 30 分钟开始做作业。

学生的日常生活十分规律,所以对已经上学的孩子们来说,根据时间来选择习惯,效果通常较好。而对于还没有上学的幼龄儿童，或者放长假时的孩子来说，根据行为方式来选择习惯也许会更好，因为这可以帮助他们保持一种稳定而有弹性的日程安排。

根据时间为孩子制定的日程安排往往是严格而精准的，说几点就几点，不会出现模糊不清的情况。这有利于孩子完成原本的学习任务，同时培养自控力。

皓皓是个不管做什么都很认真的孩子。放假时，爸爸妈妈带着皓皓一起出门去玩，目的地比较远，要坐火车，而恰好皓皓每天写日记的时间就要在火车上度过。妈妈和皓皓商量，等到了酒店再写或者明天一起写，但皓皓不愿意，反而说妈妈不让他完成计划。

给每一个微习惯配上一个确切的时间，确实能够更严谨地去管理孩子们的日常行为，但生活并不总是按照父母给孩子安排好的日程进行。这样的方法总是会欠缺一些灵活度，如果孩子身体不舒服，却要按计划完成一些枯燥的学习任务，效果可能会很不好。并且，如果孩子因为疏忽而错过完成时间，计划被拖延，孩子也会陷入懊恼和内疚的感觉中。这会严重打击孩子的积极性，让孩子不愿意再坚持。

根据行为方式为孩子安排日常微习惯计划，相较于依据时间更为灵活。比如"吃完晚饭就去写作业"，便不会出现"7点钟开始写作业"，但7点还在吃饭或者被其他事情拖延的情况。这种安排，有利于帮助孩子们在不规律的生活中培养出规律。

但这样的方法也会更加含混，它的麻烦就在于如何确定计划表上安排的前一项任务结束的标志，而后一项任务什么时候开始。比如，跟孩子说好吃完饭就写作业，但往往孩子坐在桌前要先去收拾笔袋课本，没有什么可动的了才会开始认真写作业。

无论是依据时间还是依据行为方式，制订微习惯计划，归根结底都是要将微习惯融入孩子的日程安排里，通过生活中的惯常行为，让孩子形成惯性，在不知不觉间就养成了好的习惯。上述两种养成习惯的依据各有优劣，如果难以抉择，也可以试试下面的方法。

从非具体习惯开始适应

有多个行动依据的习惯被称为非具体习惯，这种非具体习惯的自由度很高，不规定必要的时间，而是选在孩子空闲的时候。以晚上上床睡觉为节点，只要在今天以内完成了微习惯计划的小目标，便是成功的。这样就能有效灵活又明确地完成每日的微习惯计划。

和孩子一起制作日程表

将明确的日常安排可视化有利于敦促孩子遵守"规则"。规划内容需要简洁明了，但表现可以花哨一些，让孩子画上花边花纹，将完成日常任务当作是一场游戏、一个约定，便能很大程度上调动孩子的积极性，从而转化为自发完成任务的内驱力。

任何一个习惯的养成都注定要经历漫长的时间，在这个过程中，孩子难免会产生抵触情绪。最好的做法就是选择一个合适的习惯依据，将其融入日常生活当中，让坚持变成像每天洗漱、吃饭一样自然。

4. 建立回报机制，给予奖励提升成就感

促进大脑建立习惯的机制有两个，一个是重复机制，另一个便是回报机制。当孩子完成某件事的时候，父母及时给予奖励，便能帮助孩子在大脑里建立这种回报机制。这让孩子能够尽快恢复意志力，激发孩子的积极感，从而能够坚持重复下去。

在某次青少年足球大赛结束后，同一支球队里两个少年的父亲，对孩子输球这件事做出了截然不同的反应。一位父亲对自己的儿子说："回去以后再反思一下吧，明明有那么好的进球机会都被你搞丢了，实在可惜。"于是少年的情绪更加低落了。

而另一位父亲对自己的儿子说："你努力冲锋的样子真的很酷。回去我们再一起练练，我敢肯定你的足球技术一定会提高！"于是这个少年便忘记了输球的烦恼，变得开心起来，还和父亲商量要怎么练球。

从大脑的运作方式来看，想不想做一件事的原因其实就是"这么做有没有好处"。如果一个行为的结果得不到任何相关的回报反馈，这个行为就更像是在被惩罚，因此大脑会坚决反对。在孩子刚刚开始培养习惯的时候，这种回报机制的建立就显得尤为重要。适当给予孩子一些奖励，让孩子尝到"甜头"，孩子便会

愿意继续重复，直到孩子们渐渐能够从机械的重复中感受到成就感和自我满足，使他们大脑形成惯性思维，习惯便也后知后觉地形成了。

小军学习钢琴已经一年了，入门之后，小军开始了大量枯燥又乏味的基础练习。这些练习曲旨在练习手指的灵活度和左右手的配合，曲子难听又没有意思，小军便不想练了。从一开始每天弹2小时，变成了现在要妈妈陪着，才肯在钢琴前多坐一会。妈妈察觉这样的学习方式不行，便为小军制作了一个表格。表格中明确规定每天练琴半小时就可以得到一朵小红花，集齐十朵小红花就可以向妈妈提出一个小的要求。小军对练琴便又重新开始积极起来。

钢琴枯燥的练习本身当然会有回报，比如会流畅地弹出完整的曲子，但这个回报机制的体现需要时间，甚至需要很长的时间，所以很难起到激励作用。而相对于长期才能得到的效果，小红花却能每天得到，能快速有效地起到激励作用。

这个两种激励机制，就类似于锻炼和吃甜食两方面来看。锻炼能获得的回报明显意义更加重大，比如健美、健康，但这会是一个相当漫长的过程，短时间内根本就看不到效果。但相对而言，每吃到一口蛋糕，糖分都会刺激味蕾，从而激活大脑内的回报机制，这是一种感官上的首要回报。游戏就属于这种刺激方式，杀一个怪给一个小奖励，闯过一个关卡给一个大奖励。每一个行动都有相应的反馈回报，直观及时，自然就能更容易让孩子拥有成就感。

所以，父母在帮助孩子养成习惯时，不妨及时给予孩子的奖励和肯定，让孩子更愿意去坚持。灵活利用这种回报机制，可以提升孩子的成就感，激发孩子的内驱力。

记录孩子进步的一点一滴

一个习惯的养成需要长久的坚持，孩子的成长也不是一蹴而就，父母需要多点耐心。观察孩子的变化，发现孩子一点一滴的进步，从而及时鼓励，为孩子积蓄继续的力量。

微习惯带来的微进步不易察觉，那就将孩子的行为想法记录下来，像写日记那样，无须花费太多的时间精力，只要留一份记忆在纸上，回过头来就能随时对比出孩子的变化与进步，那将是对微习惯的一次精彩总结。

父母鼓励和肯定孩子时要真诚

说话是一门艺术，不同的说话方式会传达出不同的信息，哪怕只是语序调整，语气起伏都会让孩子产生不同的理解。孩子是敏感的，他们最能体会父母言语中的意味。随口式的夸奖，类似如"你好棒！""你真聪明！""好厉害啊！"这样的短句就像是直接给孩子扣上了一顶聪明、厉害的帽子，忽略了孩子的努力和付出。就算父母看到了孩子的努力，这样的句子用多了，只会让孩子觉得自己被父母敷衍。

父母要清楚地知道孩子进步在哪里，有理有据地夸奖才能真正起作用。

5. 学会等待，给孩子培养习惯的时间

习惯的养成需要漫长的时间，少则两三个月，多则需要几年才能让孩子的行为转变为习惯，不要过于焦急，父母应该多付出一些耐心，多给孩子一些信任。学会等待，孩子的成长在点滴之间。

果果的语文成绩不好，作文总是写不出来。果果妈妈便听从老师的意见为果果准备了一个摘抄本，让果果每天都抄一些优美词句来扩充积累量。开始，妈妈每天晚上都会检查她的摘抄本。一个月后，她故意不再检查和提醒，她发现果果总是忘记这件事。为此，妈妈很生气地埋怨她，怎么还没养成习惯？难道非要靠监督才去做吗？果果也很委屈，她并不是故意去忘记的。

培养一个好习惯并非是一朝一夕的事，它需要足够的时间，但父母改变孩子总是迫不及待想要看到成果。因此有些父母很容易便被广为流传的一个说法所迷惑，即"21天养成一个习惯"。这个说法可能来自于一位美国的整形外科医生威尔·马尔茨，在马尔茨医生的研究中，他发现人们要改变心理意象，至少需要21天。于是，有很多人就在养成习惯的理论中照搬了这个说法。但这并不代表21天就真的能养成一个习惯。

有研究表明，一个行为形成惯性被固定为习惯所经历的时间平均为66天，但不同难度的行为转变成习惯所需要的时间也有所不同，在18天到254天之间浮动，这说明习惯自动化所需

的时间千差万别。每天喝一杯水可能只需要 21 天就能形成习惯，但是像每天摘抄一页好词佳句这样略有难度的行为便可能要几十天、几百天甚者更长的时间才会变成习惯。

习惯的养成没有明确的时间，父母不必无意义地纠结养成一个习惯究竟花多长时间，而应掌握养成习惯的精髓，理解大脑中形成一个习惯的机理，让孩子在培养习惯的过程中少走弯路。大脑中位于额头和眼睛后方的位置有一块区域叫作前额叶皮质，它负责自控，比如人的行为、专注力、情绪等。在大脑叶皮质下有一块区域叫作基底神经节，作用是存储感觉信息，以此来指导下意识的行为。比如，人们先刷牙后洗脸然后吃早饭的这一连串行为模式，就是因为重复了太多次，已经被神经元记录，存储在基底神经节，形成了一个稳定的模式，所以才不需要刻意控制，下意识地就能完成。

养成习惯，就是要将行为刻录进基底神经节，一旦有想法或是外界因素触发，这个行为就会由大脑控制着不断播放、重复。自控需要消耗意志力，而基底神经节所储存的行为习惯却不需要，人们在养成习惯的过程中总喜欢"三天打鱼两天晒网"的原因，就在于负责自控系统的前额叶皮质与基底神经节之间的不协和。所以，不要总想着一下子把孩子扭转过来，习惯的养成需要脚踏实地地慢慢来。

不急躁，遇到问题耐心引导

刚开始培养习惯的时候，父母最好能跟孩子一起，指导和鼓励同时进行，让孩子能够从这个行为中感受到被肯定的愉悦和快乐。

比如，孩子在学习刷牙的时候，刚开始肯定不能够自己完成。这就需要父母从旁协助，甚至要先帮孩子刷牙。这样才能让孩子逐渐将自主刷牙的这个行为固定下来，明白这个习惯是有益处的，从而在日后可以有意识地去保护牙齿。

另外，父母在从旁指导的时候，应当尽量放平心态，不要急躁。孩子一遍做不好就耐心地去教第二遍，否则会容易激起孩子的反抗心理，最终得不偿失。

少督促，多给孩子一点信任

张女士总觉得自己孩子学习不太认真，每天一吃完晚饭就将孩子关在房间里学习，但是她又不放心孩子一个人在房间里究竟能不能一直专心学习，便总是找借口，反复到房间里去看孩子的学习情况。当孩子察觉到妈妈的不信任，他便越发学不进去。

帮助孩子养成习惯的过程不必过于严苛，父母应当给予孩子更多的耐心与信任，站在孩子的角度与孩子沟通，才是最恰当的方法。学会等待，不只是理解习惯形成所需要的漫长时间，更重要的是要在这个过程中给予孩子充足的信心。